우리 삶에
희망과 행복을 주는
나눔강연

나눔으로 행복한 시간

나눔으로 행복한 시간
우리 삶에 희망과 행복을 주는 나눔강연

초판 1쇄 발행 2023년 7월 7일

지은이 김동수
펴낸이 장길수
펴낸곳 지식과감성#
출판등록 제2012-000081호

교정 김지원
디자인 윤혜성
편집 윤혜성
검수 한장희, 윤혜성
마케팅 정연우

주소 서울시 금천구 벚꽃로298 대륭포스트타워6차 1212호
전화 070-4651-3730~4
팩스 070-4325-7006
이메일 ksbookup@naver.com
홈페이지 www.knsbookup.com

ISBN 979-11-392-1192-4(03190)
값 13,000원

- 이 책의 판권은 지은이에게 있습니다.
- 이 책 내용의 전부 또는 일부를 재사용하려면 반드시 지은이의 서면 동의를 받아야 합니다.
- 잘못된 책은 구입하신 곳에서 바꾸어 드립니다.

지식과감성#
홈페이지 바로가기

우리 삶에
희망과 행복을 주는
나눔강연

나눔으로 행복한 시간

김동수 지음

여러분 모두 가치 있는 행복한 삶을 살기를 바랍니다

생활 속 나눔에 너도나도 참여한다면 지구 환경은
다시 풍요로워지고 인류에게는 행복이 찾아올 것입니다

지식과감성#

목차

추천의 글 6
책머리에 9
프롤로그 왜! 나눔인가? — 시대정신으로서 나눔, 그리고 행복의 길 11

나눔강연 Part 1
우리들의 나눔 이야기 I (재난과 봉사) • 15

세월호와 트라우마 17
제주 예멘 난민 22
북한이탈주민 30
고령 이산가족 35
반지하와 불평등 38
동해안 산불과 ESG 43
우영우와 장애 47
결식아동 52
봉사 중독 56
김장 & 연탄 60
RCY와 청소년단체 65
바자 70
해외 봉사 74

나눔강연 Part 2 · 우리들의 나눔 이야기 Ⅱ (생명과 모금) • 81

5.18과 인도주의 ·············· 83
예비군 헌혈 ·············· 88
국립혈액원 ·············· 92
코로나19와 헌혈 ·············· 97
더블 사랑 ·············· 101
4분의 기적 ·············· 105
상무대와 나눔 확산 ·············· 109
한 술을 더시면 ·············· 114
휴머니타리안 ·············· 119

나눔강연 Part 3 · 나눔으로 행복한 시간 • 127

나눔을 계획하다 ·············· 129
생활 속 나눔 걸어도 괜찮아 ·············· 140
생활 속 나눔 조금 덜 먹고 살아도 괜찮아 ·············· 149
생활 속 나눔 조금 덜 가지고 살아도 괜찮아 ·············· 155
생활 속 나눔 마음 쓰며 살아도 괜찮아 ·············· 159
당신도 할 수 있다 나눔으로 청렴해도 괜찮아 ·············· 165
당신도 할 수 있다 나눔 일기 ·············· 170
당신도 할 수 있다 나눔으로 행복한 시간 ·············· 174

에필로그 주는 기쁨, 행복의 길 ·············· 178

추천의 글

꽃처럼 사는 당신이 있어
그래도 세상은 살 만합니다

강원석 시인 / 대한적십자사 홍보대사

전화 한 통을 받았다. 갓 태어난 아기와 엄마 아빠가 각자의 이름으로 적십자 정기 후원을 하고 싶다는 전화였다. "어릴 때부터 아이에게 나누는 삶을 가르치고 싶어요." 가슴이 뭉클했다. 또 한 번 적십자 홍보대사를 맡길 잘했다는 생각이 드는 순간이었다. 꽃처럼 예쁜 이 가족에게 김동수 저자의 책 《나눔으로 행복한 시간》을 선물하고 싶다.

참 따뜻한 글을 읽었다. 유명한 작가가 쓴 글도 아니고, 저명한 학자가 쓴 글도 아니다. 우리의 삶 속에 묻어 있는 훈훈한 이야기가 읽고 싶은 글로 탄생한 것이다. 무릇 글이란 읽는 사람의 마음을 움직여야 한다. 자신의 잘남을 뽐내는 글이 아니라, 독자에게 흥미롭고, 진실하게 다가가야 그 글은 생명력을 가질 수 있다.

이 책에는 오랜 기간 적십자사에 몸담은 저자의 흥미롭고 진실한 그리고 생생한 현장의 이야기가 수록되어 있다. 재난 현장과 봉사 현장, 도움이 필요한 모든 곳에서의 경험을 소개하며, 나름의 대안도 제시한다. 책을 읽으며 안 사실이지만, 아직도 끼니를 걱정하는 아이들이 30만 명이 넘는다고 한다. "아이들의 바른 성장이 우리의 미래가 될 것이다. 하루빨리 우리 사회에서 결식아동이란 단어가 사라지길 바란다"라고 말하는 저자의 염원이 가슴에 남는다.

적십자사 임직원, 봉사원, 후원회원 등 적십자 가족 모두에게 이 책을 읽을 기회가 주어지면 좋겠다. 중앙부처는 물론, 각 지자체와 공공단체, 기업의 복지 관련 담당자와 전국의 타 봉사단체 종사자들에게도 이 책은 도움이 될 것이다.

석학 이어령 교수는 한 인터뷰를 통해 "내 것인 줄 알았으나 받은 모든 것이 선물이었다"라고 말했다. 우리가 받은 인생의 값진 선물을 어려운 이웃과 나누는 삶을 산다면, 그 가치는 분명 더 커질 것이다. 행운이라는 것, 그것은 운 좋은 사람의 것이 아니다. 누군가에게 따뜻한 눈빛을 보낼 때, 친절을 베풀 때, 소중한 것을 나눌 때, 행운도 내 것이 되는 것이다.

끝으로 김동수 저자와 같은 분을 나는 '향기로운 사람'이라고 부르고 싶다. 꽃처럼 살기 때문이다. 그래서 세상은 또 살 만하다. 출간을 축하드리며, 축시 한 편으로 추천사를 마무리한다.

향기로운 사람

강원석

머리에 보따리를 이고
무거운 짐 손에 들고
발걸음을 옮기는 할머니

그냥 지나치지 않고
선뜻 다가가 짐을 나눠 들며
함께 걸어가는 젊은 남녀

각박한 삶의 무게
서로 나누니 정이 되고

꽃향기 그윽한 오후에
그보다 더 향기로운 사람들

책머리에

당신도 할 수 있다

지금 이 순간에도 지구 곳곳에서는 전쟁, 대형 사고, 자연 재난이 끊임없이 일어나고 있다.

생사가 오고 가는 이 끔찍한 현장에는 한결같이 자원봉사자들과 나눔이 있었고, 있을 것이다.

이 책은 그들과 함께한 현장 기록이다.

가족의 생사를 애타게 기다리던 사람들, 하루아침에 삶의 터전을 잃어버린 사람들, 전쟁을 피해 난민이 되어 온 사람들, 혈액이 부족해서 발을 동동 구르던 사람들과 함께한 동시대를 사는 우리들의 나눔 이야기다.

이 책을 읽다 보면 인간의 고통이 있는 곳이라면 적십자가 가지 않는 곳이 없다는 것을 느낄 것이다. 동시에 재난 속에서 희망을 찾는 우리들의 모습을 보게 될 것이다. 그리고 적십자가 말하는 인도주의 운동인 휴머니타리안이 얼마나 위대한지를 알게 될 것이다.

우리는 코로나 팬데믹을 겪으면서 기후 위기나 탄소 중립과 관련

된 문제 해결은 전 지구적 연대와 협력이 필수적이라는 것을 알게 됐다. 이것의 실천 방법의 하나는 나눔이고 이를 더 확산시켜야 한다는 공감대가 형성되고 있다.

이제 나눔은 일시적인 동정심이 아니라 계획적이고 지속적이어야 한다. 더 많은 사람이 기부와 봉사, 그리고 헌혈 현장에서 누구에게, 무엇을, 얼마나, 어디에 나누는 것이 가장 투명하고 효율적인가를 검토해서 나눔 계획서를 만들고 실천해 나가도록 해야 한다.

또 하나는 먹고, 걷고, 소비하는 일상에서 나눔 실천 운동이다. 이러한 일상 속 나눔이 기후 위기를 예방하고 자신의 건강을 지킬 수 있다.

이외에도 나눔으로 청렴 의식을 높이고 나눔 일기로 자신의 성장을 도모하고 하루하루가 행복하기를 제안한다.

그리고 이 책을 읽는 동안이라도
삶의 치열함과 나만의 행복에서 벗어나
나눔으로 모두가 행복한 시간이 되길 바란다.

You can do it!

이 책 또한 나눔으로 만들어졌다. 많은 분의 용기와 응원이 컸다. 특히 30여 년을 묵묵히 내 곁을 지켜 준 사랑하는 아내와 아이들 그리고 어려울 때마다 함께하며 도와주신 직원과 봉사원, 업무관계자 여러분께 감사드린다.

프롤로그

왜! 나눔인가?
— 시대정신으로서 나눔, 그리고 행복의 길

신종 코로나바이러스 감염증은 2019년에 시작되어 전 세계로 퍼져 나갔다. 어느 한 개인, 한 국가의 문제가 아니었다. 글로벌하던 세계는 단절되었고 거리 두기로 일상은 멈추었다.

비대면 사회로 전환되었다. 화상으로 회의하고 재택근무가 늘어났다.

배달 음식이 폭증했고 택배 물량은 넘쳐 났다. 자영업자는 폐업했고 점심 한 끼를 주던 사랑의 식당들은 문을 닫았다. 경제는 악화되고 백신이 나오기까지 사람들은 불안에 떨었다.

이렇게 세상을 크게 요동치게 한 코로나바이러스의 원인은 무엇일까?

한 연구에 따르면 기후 변화가 기존 열대 관목 지대를 열대 초원 지대와 낙엽수림으로 변화시켜 박쥐의 서식에 적합한 환경으로 만들어 주어 바이러스 기생 매개체인 박쥐 종이 증가했고 코로나바이러스를 일으켰을 수 있다고 주장한다.

재난이 일상화되다

인류 문명은 자본주의와 자유 경제, 과학 기술의 발전으로 최근 200년 만에 눈부시게 성장했다. 농경 사회에서 산업 사회로, 정보 통신 사회에서 인공 지능 로봇 사회로 진화하고 있다. 반면, 자연은 급속하게 파괴되고 환경은 오염되었다. 탄소 배출량은 증가했고 기후 변화는 재난을 불러오고 있다. 코로나는 물론이고 기록적인 폭염과 산불, 폭우, 태풍, 지진 등 자연 재난은 예측하기 어렵고 일상화되고 있다. 생태계는 더 파괴되고 수많은 생명과 재산을 잃게 될 것이다.

무력 충돌

국가 간, 민족 간 분쟁은 끊이지 않고 있다. 제네바 협약에는 민간인을 보호하는 내용을 담고 있다. 특히 어린아이를 공격해서도 학대해서도 안 된다.

하지만 러시아의 우크라이나 침공은 민간인 학살로 이어지고 있다. 핵 공격까지 이어질지 모른다. 이런 전쟁을 피해 우크라이나 국민은 모국을 떠나 난민이 되고 있다. 국제 난민은 1억 명 이상으로 점점 늘어나고 있다.

양극화 심화

코로나와 러시아 우크라이나 전쟁은 세계 경제를 망가뜨리고 있다. 경기 침체와 고물가는 심각하다. 이미 빈부의 격차는 크다. 과학 기술이 보편적 복지를 이루고 있지만, 아직도 70억 인구 중 2/3가 절대 빈곤이다. 부의 집중화로 더욱더 격차가 벌어지고 있다. 동시에 갈등과 분열도 함께 일어나고 있다.

갈등과 분열

양극화는 개인은 물론 지역 간 국가 간 갈등을 고조시키고 있다. 미·중 간의 경제적 갈등도 만만치 않다. 급속한 변화 속에서 기성세대와 MZ세대의 조화는 쉽지 않을 것 같다. 30~40년 후 지극히 개인주의적 성향의 MZ세대가 주류가 되는 미래는 어떨까?

초고령 사회 / 1인 사회 / 인공 지능 로봇

출산도 빈부의 격차가 심하다. 대부분 선진국은 제로에 가까운 저출산 국가이면서 초고령 사회다. 1인 가구가 늘어나고 있고 가족 간의 결속력은 약화하고 있다. 이것을 인공 지능 로봇이 대체하고 있다. 점점 인간성은 상실될 것이다.

인도적 위기

앞서 언급한 기후 위기와 재난의 일상화, 전쟁 위협과 난민 증가, 양극화로 인한 경제적 빈곤 심화, 초고령화 등은 인도적 위기를 가중한다. 이대로 둔다면 지구 생태계는 파괴되고 갈등과 분열로 인간은 고통 속에서 생명을 위협받게 될 가능성이 커질 것이다.

연대와 협력

코로나 팬데믹 이후 닥쳐올 기후 변화와 전쟁으로 인한 재난, 양극화로 인한 갈등과 분열, 빈곤 등 인도적 위기는 개인이나 한 국가가 감당할 수 없는 범세계적이며 범인류적이다. 자칫 인류가 공멸할 수 있기에 개인에서 국가에 이르기까지 연대와 협력이 더욱 중요하다. 제75회 UN 총회에서 시진핑 주석마저 "우리는 연대하고 협력을 강화해야만 상생을 이룰 수 있다"라고 주장했다.

왜 지금 나눔인가?

우리는 코로나를 겪으면서 국내외적으로 연대와 협력이 중요한 과제임을 알게 되었다. 연대와 협력은 '나 아닌 우리'로 함께하는 것이다. 이것은 나눔으로 가능하다. 그 상생의 기반이 나눔이다.

나눔은 인도적 위기를 해결하고 인간의 보편적 가치인 생명을 지키는 인류애로 갈등과 분열을 상생으로 만들어 평화를 증진할 것이다. 그래서 나눔이 필요하다.

이런 이유로 코로나 팬데믹 이후 나눔은 우리 사회의 시대정신이 되어야 한다.

시대정신으로서 나눔, 행복의 길

나눔은 시대적 필요성을 넘어 우리를 행복의 길로 안내할 것이다.

이 책에서는 현장에서 겪은 인도적 위기 상황과 나눔 활동, 해결해야 할 과제에 관한 이야기 외에도 그동안의 경험을 바탕으로 나눔 계획, 생활 속 나눔(걷는 것, 먹는 것, 소비 등), 나눔 일기를 통해 인생이 변화하고 행복해지는 방안을 제시해 보았다.

자! 누군가를 사랑하고 싶다면 나눔을 실천해 보자!

부디 이 책을 통해 독자들이 이 시대에 진정한 행복의 길을 찾을 수 있으면 좋겠다.

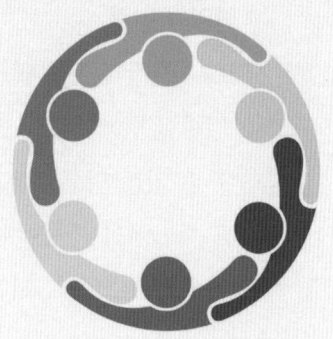

나눔강연
Part 1

우리들의 나눔 이야기 I
(재난과 봉사)

세월호와 트라우마

비가 내렸다. 하늘도 아는지 슬프게 비가 내렸다. 당시 적십자사 전북지사에서 근무하던 나는 사고 다음 날 적십자 봉사원님들과 함께 재난 대응 차량으로 진도에 도착했다. 처음 오보로 모두가 생존했다는 소리를 들어서인지 더 많은 어린 학생들이 구조되길 바라는 마음이 간절했다.

팽목항

진도에 가까워지자 경찰관들이 군데군데 눈에 띄었다. 삼엄한 분위기다. 진도 실내 체육관에 도착하니 광주·전남지사의 급식 차량이 배치되어 있었다.

우리는 침수된 세월호가 있는 바다 앞인 팽목항으로 향했다. 진도 군에서는 한창 실종자 가족을 위한 텐트를 마련하고 있었다. 바로 그 옆에 전북지사 급식 차량을 위치시켰다. 이렇게 100여 일 동안 실종자 가족과 구조대원들을 위한 구호 활동이 시작되었다.

함께하는 사람들

한 명 한 명 구조될 때마다 비명과 울음소리가 들렸다. 더딘 구조 작업에 가족들은 분통을 터뜨렸다. 노란 리본이 바람결에 날렸다.

많은 물품과 사람들이 오고 갔다. 모두 간절히 기도했다. 꼭 살아오기를!

실종자 가족 텐트의 분위기는 무거웠다. 탄식하는 소리만 들렸다. 이들을 위로하기 위해 적십자 봉사원들은 아무 말 없이 먹을 것을 가져다주었다. 처음에는 잘 먹지 못했다. 완도에서 전복을 보내 주었다. 전복죽을 만들어 드리니 조금씩 먹기 시작했다. 한참 시간이 지나서야 적십자 재난심리회복지원센터 상담 활동가들은 조금씩 가족들에게 다가갈 수 있었다.

비극

세월호는 2014년 4월 15일 인천항 연안 여객 터미널을 출발해 제주로 향하던 중 16일 전남 진도 앞바다에서 침몰했다. 당시 세월호에는 제주도로 수학여행을 떠난 안산 단원고 학생을 비롯해 탑승객 476명이 탑승해 있었다. 이 사고로 탑승객 476명 중 172명이 생존하고 304명의 사망·실종자가 발생했다.

재난이 있는 곳에 적십자가 있다

세월호 참사 당시 가장 먼저 적십자는 현장에 달려갔다. 생존자에게 담요 등을 제공하고 위로했다. 이후 적십자는 수백 일 동안 실종자 가족과 구조대원에게 구호 물품을 배분하고 급식활동을 전개했으며, 안산에는 분향소를 운영했다.

신설된 국민안전처는 적십자사의 재난 위기관리 능력을 높게 평가했으며, 적십자사는 대학이나 병원에 산재한 전국의 시도 재난심리회복지원센터를 위탁받아 운영하게 되었다. 또한 적십자사는 국민안전처와 협약을 통해 지진, 태풍, 화재 등 재난 대피 요령을 애니메이션으로 만들어 심폐 소생술과 함께 "재난은 줄이고 안전은 높이고"라는 대국민 캠페인을 진행하기도 했다.

적십자는 언제나 재난이 있는 곳에서 재해구호법 제2조 4항에 의거 구호 지원 기관으로서 이재민 구호 활동 등의 역할을 수행하고 있다.

트라우마

끔찍한 장면을 목격하거나 가족을 잃었을 때 사람들은 트라우마를 겪는다. 의학적 용어로는 외상 후 스트레스 장애(PTSD)라고 한다.

벌써 20년이 지났지만, 미국에서 발생한 2001년 9.11 테러를 당한 많은 사람이 트라우마에서 벗어나지 못하고 있다고 한다. 세월호 역시, 지금으로부터 8년의 세월이 지났지만, 생존자나 가족들이 과거의 악몽에 시달리고 있다. 이들에 대한 심리 회복 지원이 계속되어야 하지만 현실은 그러지 못하다.

최근 광주 학동, 화정동 아파트 건물 붕괴로 인한 피해자의 시신은

처참했다고 한다. 적십자 재난 심리회복센터는 가족이나 인근 주민들을 대상으로 PTSD 검사를 하고 상담 활동을 펼치며 그들을 위로했다. 일반 시민들도 TV 화면에서 본 건물 붕괴 장면을 생각하면 잠을 이룰 수 없다고 한다. 단지 쿵 하는 소리만 나도 놀란다며 스트레스를 호소하고 있다.

심리 회복

재난 피해자 회복을 위한 적십자의 노력은 계속되고 있다. 정부도 역시 사회적 재난은 물론 자연 재난에 이르기까지 지원범위를 넓히고 있다.

2020년, 구례 지역 수해 피해자는 상담 활동가를 위한 워크숍에 참가하여 "복구에 지원을 받았지만 충분하지 않았다. 경제적으로도 어렵고 전 재산을 잃는 상실감은 쉽게 해소되지 않는다. 이를 겪어 보았기에 상담가로 활동하게 되었다"라며 심리 회복 지원 기간이 더 필요하다고 주장했다.

일본은 2만 명의 사망자를 낸 동일본 대지진 이후 다 죽어 가는 '기적의 소나무'를 살리기 위해 막대한 예산을 투입했다고 한다. 7만 그루 소나무 중 홀로 생존한 생명력, 거대한 쓰나미도 꺾지 못한 이 소나무를 보며 희망과 용기를 얻는다고 한다. 이런 활동도 심리 회복을 돕는 데 유용한 것이다.

우리나라 재난심리회복 지원 활동 역사는 9.11 테러 이후 본격적으로 시작되었으나 이후 활동은 미미했다. 세월호 사고를 겪으면서 본격적으로 시작하게 된다. 이후 포항 지진, 대형 풍수해 및 산불, 코로나19, 광주 학동 및 화정동 건물 붕괴 사고 등을 통해 재난심리회복 지원 활동의 중요성은 날로 높아지고 있지만 아쉽게도 아직 국민들의 관심은 크지 않은 것 같다. 물론 2013년 내가 광주시 재난심리회복지원 센터장을 맡고 있을 때와 비교하면 센터는 비약적으로 발전했다. 예산 지원은 늘어나고 있지만 갈수록 재난도 증가하고 있다. 이를 대비한 상담 능력 확보와 다양한 피해자 심리 회복 프로그램 운영을 위해서 선제적으로 예산과 인력은 더 증가해야 한다고 생각한다.

긍정 학교

가톨릭대 서울성모병원 채정호 교수는 긍정 학교 교장이다. 그는 스트레스나 트라우마로 힘든 현대인에게 다시 찾는 삶 ABC를 제시한다.

"긍정적으로 수용하고(Appreciate),

더 나은 변화(Better & Better)를 하고,

베풀며 가치 있는 삶을 살아라(Care)."

제주 예멘 난민

음식 재료를 받아 든 예멘 난민들의 표정이 밝다.

호텔 지하로 내려가 보니 넓은 홀이 나왔다. 그곳에서 직접 요리를 해서 식사를 해결하고 있었다.

 # 제주 입도와 출도 제한

"한번 드셔 보세요."

인상 좋은 미소를 지으며 예멘의 전통 음식인 밀로 만든 호브스빵을 건넨다. 마치 화덕에서 막 구워 낸 피자 같은 모양새다. 고소한 맛이 있다. 여기에 돼지고기와 각종 야채를 올려 먹는다고 친절하게 설명도 한다.

그들은 순박해 보였고 누구를 위협할 만한 덩치도 아니었다.

2018년 예멘 난민은 반군의 징집을 피해 말레이시아 직항으로 500여 명이 제주도에 들어왔다. 무비자로 대거 들어온 것이다.

법무부는 범죄 등을 우려하여 이들이 제주도를 벗어나지 못하도록 했다.

시간이 갈수록 여비는 떨어지고 숙소나 식사 비용은 체불되었다. 급기야 거리에서 노숙하는 사람들도 생겼다.

범죄를 우려한 제주도민의 시선은 싸늘해지고 있었다.

이들을 도와야 하는가?

국민 청원과 인도적 구호

연일 방송에서는 난민 수용에 대한 찬반양론이 뜨거웠다. 난민 수용을 반대하는 청와대 국민 청원은 70만 명이 넘었다.

이는 취업을 위한 가짜 난민이라는 논란과 테러, 여성 차별 등 이슬람교도에 대한 편견이 만든 결과였다.

시간이 지나면서 그동안 우려했던 문제가 일어나지 않자 부정적 여론은 수그러들었다.

현실은 당장 돈이 떨어져 갈 곳을 잃은 예멘 난민들을 위한 인도적 차원의 구호가 절실했다. 적십자는 구호 단체로서 기민하게 움직였다.

가장 먼저 인간의 고통을 덜어 준다는 인도의 원칙에 의해 구호품과 먹거리를 제공했다. 시민과 기업의 후원이 뒤따랐다.

호텔은 물론 성당이나 일반 가정에서도 그들에게 임시 거처를 마련해 주고 그들을 돌보아 주었다.

그다음으로 시급한 것이 의료 문제였다. 일반 병원에서 진료비는 감당할 수 없었다. 그래서 저 멀리 상주적십자병원에서 의료진과 진료 버스를 지원받아 일주일간 예멘 난민들을 진료했다.

날마다 제주도 출입국 외국인 청사 앞은 인산인해를 이루었다.

계속되는 난민 입국
세계적으로 난민은 1억 명이나 된다고 한다. 그들은 기아와 질병으로 고통받고 있으며 매년 증가하고 있다.

2022년 초, 러시아 우크라이나 전쟁이 터졌다.
민간인 사상자가 속출하고 피란민 천만 명이 대거 국경을 넘어 탈출했다. 이 중에 우크라이나 고려인들이 이미 한국에서 사는 친인척, 지인을 통해 우리나라에 들어오고자 했으나 항공료가 없거나 부족해 귀환하지 못한 상황이었다.
하지만 정부는 아프가니스탄 특별 기여자에게는 군용기까지 보냈으나 우리 동포인 우크라이나 고려인에게는 아무런 조치가 없지 않았나 싶다.

다행히 광주고려인마을이 앞장서고 구호 단체, 기업, 국민의 기부와 후원으로 고국에 올 수 있었다.

난민 보호소 운영

이 정도면 난민에 대한 '국가의 역할이 너무 없다?'라는 생각이 들 수 있을 것이다.

하지만 우리나라도 과거에 난민을 수용한 역사가 있다.
베트남 패망 후 베트남 난민들은 보트피플이 되어 표류하다 부산에 들어왔다.

부산시와 대한적십자사 부산지사는 1975년부터 1993년까지 18년간 옛 부산여고와 부산시 해운대구 재송동에서 월남 난민 보호소를 운영했으며 총 3,000여 명을 수용하고 보호했다.

우리도 감당할 수 있다

우리 선조들은 일제강점기에 일제의 탄압을 피해 만주, 러시아로 망명했다. 한국전쟁 후에도 많은 국가의 도움을 받아 선진국에 이를 수 있었다.

그런데 난민들을 외면하면 되겠는가?

더구나 늘 남과 북이 대치하고 있어 전쟁이라도 일어나면 우리는 언제라도 대량 난민이 될 수 있는 처지다.

2015년 유럽의 대량 난민 사태 때, 난민을 적극적으로 수용하겠다며 독일의 메르켈 총리는 "우리는 감당할 수 있다"라고 했다.

우리 사회가 혹여 단일 민족이니, 국민 정서 때문에… 하는 어설픈 말로 그들을 외면하거나 소극적으로 대응해서는 안 된다고 생각한다.

이제는 아시아 최초의 난민법 제정 국가로서 국격에 맞게 "우리도 감당할 수 있다"라고 감히 말해야 하지 않을까?

또한, 우리 국민도 세계 시민으로서 열린 마음을 가졌으면 싶다.

유엔난민기구(UNHCR) 친선 대사인 배우 정우성의 《내가 본 것을 당신도 볼 수 있다면》이라는 저서에서 "난민 지원은 정치적, 인종적, 종교적 입장이 아닌 처음부터 끝까지 인도주의 입장에서 진행되어야 한다"라고 한 것처럼 말이다.

우크라이나 고려인

어린 소녀의 눈망울은 진하고 빛났다. 전쟁과는 전혀 무관한 듯 보였다. 전쟁터를 피해 선조들의 고향으로 탈출해 온 우크라이나 피란민이다.

우리는 광주 고려인 마을을 찾았다. 긴급하게 구호품과 이불을 전달했다. 전쟁 통에 성인 남자들은 다 징집당하고 아이들과 부녀자들만이 올 수 있었다.

어린아이를 안고 있는 20대 여성은 두고 온 남편 걱정에 울먹였다.

"오늘도 내일도 무사하길 기도해요."

민간인 학살

우크라이나에 총성이 아직도 끝나지 않고 있다. 러시아는 민간인 살상도 서슴지 않는다고 한다. 그렇다면 명백한 제네바 협약 위반이다. 수백만 명의 우크라이나 국민이 인근 폴란드를 비롯한 여러 나라로 난민이 되어 탈출하고 있다.

국제적십자위원회(ICRC)는 구호 단체로서는 유일하게 전쟁터에서 활동을 할 수 있다. 각국의 적십자사는 ICRC를 통해 의약품과 구호물자를 전달하고 있다. 우리나라 적십자사도 예외는 아니다.

아무것도 할 수 없다

우크라이나 피란민 중 고려인은 우리나라로 오고 싶지만, 항공권을 살 수 있는 비용이 부족하거나 없다. 광주 고려인 마을에서는 빚을 내서라도 이들의 귀환을 돕고 싶어 했다. 그런데 정부나 지자체에서는 아무것도 할 수 없다. 우리 동포라고 하지만 법적으로는 외국인이기 때문이다.

고려인의 대부 이천영 목사는 "답답하다. 우선 돈을 융통해 항공권을 지원하고 있다. 어떻게든 들어오게 하는 것이 급선무다"라며 국민의 지원을 호소했다.

아! 고려인

고려인이 우리나라에 들어온 지는 십수 년이 지났다. 고려인은 실향민이다. 독립운동을 하거나 일제의 탄압을 피해 고국을 떠나 러시아에 거주하며 강제 이주까지 당하면서 핍박받던 우리 선조들의 후손이다. 그러나 아직도 영주권을 부여하지 않고 있다. 국회에 관련 단체들이 진정하고 있지만, 여전히 불법 체류 외국인과 비슷하다. 조선족이나 북한 이주민보다 못한 처우를 받고 있다.

이들에게 가장 어려운 문제는 입국 후 6개월 동안 건강 보험 혜택을 받지 못해 부과되는 비싼 의료비다. 폭격으로 고막이 터져 수술이 필요했지만 막막했다. 이런 딱한 사정이 알려지면서 대학병원이 의료지원을 했고, 전국적으로 성금과 물품이 쇄도했다. 적십자는 국민 성금으로 피란민의 생계비를 지원하고 학용품과 학생용 가방을 전달했다.

하나님은 부재중
러시아는 미사일을 쏘아 대고 있고 핵 공격까지 고려하고 있다고 한다.

2차 세계 대전 당시 나치의 탄압이 오래 계속되자 한 수녀님은 과연 선이 존재하는 건가? 하며 절규했다.
"하나님은 어디에 계시는가요?"
어린 소녀도 민간인에 대한 나치의 미사일 공격을 받자 이렇게 말했다.
"하나님이 지금 낮잠 주무시나 봐요."
하나님의 응징을 바라는 마음이 담긴 실화의 한 장면이다. 지금 우크라이나 국민의 마음이 이러지 않을까?

역사는 보여 줄 것이다.
"선이 승리한다는 것을."

북한이탈주민

딩동, 딩동. 벨을 누르자 한참 뒤 한 여성이 불안해하며 모습을 드러냈다.

"누구시죠." 적십자에서 실태조사차 나왔다고 하니까 안심한 듯 집안으로 들어오라고 한다. 마주 앉아 탈북한 사연을 듣다 보니 한숨만 나올 뿐이다.

엄혹한 현실

이 여성은 북한이탈주민으로 새터민으로도 불린다. 70% 이상이 여성으로 주로 중국 등 제3국을 경유하여 한국에 들어온다. 그래서 중국에 자녀를 두고 온 경우도 많다. 이들은 브로커를 통해 북에 남은 가족을 데려오기도 한다.

적십자만이 할 수 있는 일

2006년 이렇게 들어온 북한이탈주민은 1만 명이 넘었다. 통일부는 적십자에 새터민의 초기 정착 업무를 맡겼다.

북한이탈주민은 입국 후 하나원에서 남한 사회 적응 교육을 받은 후 전국 각지에 정착한다. 적십자의 임무는 이들을 직접 인솔해서 거주지에 이송하고 정착을 잘할 수 있도록 도와주는 일이다.

"우리나라에 봉사단체가 많지만, 이 일은 전국적으로 조직된 적십자 봉사자만이 할 수 있다고 생각합니다."

당시 통일부 주무과장이 이 업무를 총괄하던 본사 팀장인 필자에게 던진 극찬이다. 극찬이 아니라 사실이었다. 이 업무는 95% 가까이 적십자가 도맡았다.

따뜻한 손길

"애를 먹기도 하지요. 돈도 빌려 가서 갚지 못한 일도 있고, 믿고 기다려야죠."

경기도의 한 정착 도우미 봉사자의 말이다. 시간이 지나면 갚을 거라고 하며 웃는다.

반면 잘 정착한 새터민들은 이런 마음으로 오히려 봉사도 한다.

"생면부지에 도움을 많이 받았죠. 그 고마움을 잊을 수가 없지요."

내가 근무한 제주지사 소속 사랑나눔봉사회는 북한이탈주민으로 구성된 공연단으로 춤과 노래로 봉사도 하며 매년 적십자에 성금도 낸다.

이렇게 수년간 적십자는 장거리임에도 마다하지 않고 이송 업무를 수행한 봉사자들의 헌신과 거주지에도 착한 후 생필품을 함께 준비하고 일상생활 하나하나를 가르쳐 준 엄마, 이모, 삼촌 같은 봉사자들의 따뜻함으로 이 일을 착실히 수행하였다.

또한, 합동 결혼식, 합동 차례, 북한 음식 나눔 등을 통해 이질감을 해소하고 정착을 촉진했다.

공모라니?

북한이탈주민은 한 해 3천여 명씩 늘어났다. 이에 따라 통일부는 하나원에서 교육 기간을 줄이고 거주 지역에 하나센터를 만들 계획을 수립하고 공모를 했다.

"아니 무슨 일인가? 정착 업무를 거의 적십자가 도맡아 하고 있는데 공모라니?"

공모가 잘못됐다는 것이 아니다. 하지만 수년간의 인프라와 공적을 고려치 않은 아쉬운 결과가 아니었나 싶다.

대한적십자사는 일부 지사에서만 하나센터를 위탁받았다. 우려한 대로 새롭게 위탁받은 단체에서는 적십자에 도움을 요청했다. 이 과정에서 적십자 봉사자와 강제 이별을 당한 새터민들이 가장 힘들고 혼란스러웠던 것으로 기억된다.

재정립이 필요하다?

북한 김정은의 집권 이래 북한이탈주민의 수는 급격히 줄어들었다. 최근 3년간은 십수 명으로 지금은 3만 3천여 명 정도다. 이런 탓인지 하나센터를 맡은 단체가 이주민센터, 종교단체, 복지관 등으로 다양하다. 위탁단체도 자주 바뀌고 지원재단에서 직접 운영하는 곳도 늘어나는 것 같다.

우리는 러시아 우크라이나 전쟁으로 이웃 폴란드로 이동하는 수백만 명의 난민 발생을 보았다. 이 과정에서 적십자의 인도주의 활동은 우선적이다.

"이런 상황이 남의 일은 아니지 않겠는가?"
언제라도 북한 주민들이 대거 월남해도 하나도 이상하지 않은 게 우리의 현실이다.

타산지석

세월호 사고 이후 국민안전처는 대학, 병원, 적십자 등에 산재한 재난심리회복지원센터를 적십자에 일임한다. 이전보다 센터는 체계적으로 각종 재난마다 그 소임을 잘 수행하고 있다. 그러므로 여러 단체에 위탁한 하나센터를 일원화해서 보다 효율적인 북한이탈주민 정착을 도모하고, 탈북민이 대거 남하할 경우를 대비한 방안까지 고민할 필요가 있지 않나 싶다.

"그 일의 중심에 다시 적십자가 있다면 좋겠다."

고령 이산가족

명절이면 고향과 가족을 찾는다.
민족 대이동이 일어난다.

"고향 땅이 그립습니다."
북녘 하늘만 바라본 지 어언 70년이 넘는다.

통일부와 적십자는 명절이면 고령 이산가족을 선정하여 위문하고 있다. 오늘도 적십자 봉사원들과 함께 이산가족 할머니를 만났다.

 # 잊지 않은 주소
최 할머니는 어릴 때 떠나온 고향이 희미하다. 그래도 주소를 여쭈니 또렷이 말씀하신다.
"함경북도 무산면…."
이미 부모님은 돌아가셨고 형제자매만 남았을 텐데 그나마 생사도 모른다.

혈혈단신으로 남으로 와서 지낸 고단한 세월이 주마등처럼 떠오른 듯 눈시울을 적신다.

나름 농촌에 거주하면서 부녀회장도 하시고 씩씩하게 살았는데 암으로 큰아들을 먼저 보냈다며 가슴 아픈 사연을 말씀하기도 하셨다.

"이제는 틀렸어. 만날 수 없을 거야."
이제 최 할머니는 포기했다고 말한다.

이산의 아픔과 긴 세월의 무게가 느껴진다.
몇 번의 이산가족 상봉이 있었지만 선정되지 않았다. 그때마다 억장이 무너지는 아픔을 겪었다고 한다.

이산의 아픔을 그린 〈커튼콜〉

최근 〈커튼콜〉이란 드라마가 방영되었다. 북에 아들을 두고 온 시한부 부자 할머니가 이산가족 상봉 행사에 만난 아들은 죽고 남겨진 손자를 보고 싶어 한다. 손자는 북을 탈출하여 중국에서 부랑자로 힘들게 살고 있다.

할머니를 모시는 사람이 부랑자 손자를 데려오면 마음 아파할 것 같아 북한 말을 하는 연극배우를 손자로 둔갑시켜 얼마 남지 않는 할머니를 위로하게 한다. 하지만 부랑자 손자는 이 사실을 알게 되어 남으로 오게 되고 남한 손자녀들과 갈등, 재산 상속으로 인한 불화, 화해 등을 그린 내용이다.

줄어드는 시간

우리는 할머니에게 영상 편지와 유전자 검사를 권유했다.

"안 할라요. 나 죽으면 다 필요 없다니까?"
"사촌 형제라도 만나게 하면 좋을 텐데요."
하자 손사랫짓을 한다.

혹시나 드라마처럼 자손들끼리 좋은 일만 있지 않을까 싶어서일까? 우리는 더는 권유할 수 없었다.

이제 상봉 신청자 중 생존자는 5만 명이 채 되지 않는다. 이 중에 80대 이상 고령자가 3만 명이다. 게다가 매년 2~3천 명씩 돌아가신다.
이를 대비해서 적십자는 영상 편지 제작, 유전자 검사 사업, 화상 상봉장을 운영하고 있다.

연신 고맙다는 최 할머니를 뒤로하고 나오면서 방송 인터뷰를 했다.

"지금도 돌아가시는 고령자들이 너무 많습니다.
이른 시일 내 남북 관계가 좋아져 화상 상봉이라도 이루어지길 간절히 바랍니다."

그런데 최근에는 북한이 미사일을 쏘아 대고 무인 드론까지 띄워 안보 시설까지 정찰하고 있다.
그야말로 남북 관계가 최악이다.
하지만 이산가족 상봉은 어떠한 경우에라도 인도적 차원에서 이루어져야 한다.

"시간이 얼마 남지 않았다."

반지하와 불평등

오늘은 아침부터 먼 길을 다녀왔다. 하지만 발길이 가벼웠다.
바다 건너 비렁길로 유명한 전남 여수에 자리한 금오도. 배를 타고 가는 길이 너무 아름답다.

 # 입주식

비만 오면 집이 물에 잠긴다는 곳이었다. 두 아이가 있는 결혼이주 여성 가정이다. 남편은 뇌 병변으로 정상적인 생활이 어렵고 필리핀 아내가 식당에서 일해서 근근이 생활하고 있었다. 입주식에는 마을 주민들이며, 후원자, 봉사자들이 많이 모여 있었다.

"새 보금자리에서 행복하세요."
"열심히 잘 살겠습니다."

두 아이의 눈망울이 반짝거렸다. 성실하게 보이는 필리핀 아내와 순박한 남편의 얼굴에 엷은 미소가 번졌다. 다시는 물에 잠기지 않도록 보금자리는 배수로를 넓히고 지반을 높여서 우뚝 새로 지어졌다.

도화지에 그린 집

살구꽃 향기가 나는 계절, 녹차로 유명한 보성의 한 부녀가정 이야기다.

KBS 동행에서 방영된 한쪽 팔이 없는 아버지와 어린 딸이 서로 의지하며 굳세게 살고 있었다.

아이가 그린 도화지에 집 내부가 눈길을 끌었다.

"여기는 내 방, 저기는 아빠 방" 하며 좋아하는 밝은 얼굴을 잊을 수가 없다.

꿈이 현실이 되는 순간, 부녀의 얼굴은 희망으로 가득 찼다.

얼마 전에도 화재로 집을 잃고 마을회관에서 노모와 살던 가정에 새 집을 마련해 주었다. 이외에도 도배나 장판, 싱크대 교체, 마을 벽화 그리기 등 우리 주위에는 집수리가 필요한 어려운 가정이 정말로 많다.

집중호우

얼마 전 서울지역 집중호우로 세상이 떠들썩하다. 100년 만에 기록적인 폭우다.

언제부터인가 비가 오면 하늘에 구멍이 난 듯 퍼붓는다. 시간당 100mm 이상 비가 오면 집중호우라고 한다.

순식간에 쏟아지기에 배수구가 막힌다. 도로는 물로 넘치고 아수라장이 된다.

지구에 구멍이 난 것일까?

넘친 물은 지하 주차장이며 차량, 주택까지 가리지 않고 침수시킨다. 발목을 넘어 허리까지 차오른다.

반지하 — 재난은 결코 평등하지 않았다

차오르는 빗물을 미처 피하지 못한 세 가족이 생명을 잃었다. 영화 기생충의 한 장면이 연상되는 순간이다. 세차게 비 오는 날, 차오르는 빗물을 피해 여기저기 가족들이 피하는 모습들.

이날 강남의 반지하 주택들에서도 일어난 일이다. 무려 30만 가구 이상이다.

서둘러 서울시는 당장 그 많은 사람을 지상으로 옮길 듯이 반지하 주택을 20년 안에 모두 없애겠다는 둥 성급한 대책들을 내놓았다.

그러자 막상 반지하에 사는 주민들이 현실적인 이야기한다.

"당장 여기를 떠나면 생계는 어떡하나?"

단순히 주거만의 문제가 아니다. 이후 서울시는 주택 상태나 주민들의 의견을 들어 안전조치 등을 단계별로 지원하기로 했다.

낡은 시골집

반지하 못지않게 농촌 지역의 주거 문제도 만만치 않다.

다 삭은 슬레이트 지붕, 흙더미가 보이는 천장, 누수로 곰팡이가 시커멓게 피어 있는 방안, 희미한 전등, 찢긴 바닥, 뒤틀어진 싱크대, 기름진 프라이팬, 다리 아픈 노인들에게 가장 힘든 집 밖의 재래식 화장실 등.

여기에 비닐하우스나 컨테이너 막사에 생활하는 분들.

현장에서 보아 온 모습들이다. 아직도 우리 눈앞에 보이는 아픈 현실이다.

소중한 집

주거 문제는 해결하기 어려운가 보다. 정부나 지자체에서 부동산 정책을 내놓지만 성공한 적이 없다.

내가 어릴 적에는 부모님이 수 채의 집을 가지고 있었다고 한다. 내 기억에도 기와지붕의 앞마당에 수십 그루의 돌배나무가 있고, 집 밖에는 넓은 밭이 있었다. 그런 집을 불장난하다가 홀라당 태울 뻔하기도 했다. 점점 가세가 기울어 수 채의 기와집은 사라지고 사글세로 살았다. 고등학교 때던가 집을 지었다. 가족 모두가 벽돌도 나르고 모래에 시멘트를 섞어 미장도 했다. 남의 집이 아닌 단층짜리 우리 집은 소중하고 행복했다.

대개 6~70년대 가난했던 시절이다. 이 시기 자식들은 도회지로 나가 연탄불을 갈며 자취하거나 하숙하면서 면학했다. 결혼하고 내 집을 마련했다.

그런데 지금은 어떤가? 아파트 평당 일천만 원이 넘는 시대에 살고 있다. 내 집 마련을 위해 30~40년간 수십에서 수백만 원의 이자를 부담한다. 산술적으로 보면 5억 원의 집을 사면 40년간 원금과 이자 상환액만 월 230만 원이다

어느 대통령 공약에서는 반값 집 운운했지만, 더 오르기만 했다. 정권마다 집권 초기 수십만 호를 공약하지만, 여전히 집은 부족하다.

과연 부족할까?

시골 인구는 매년 줄어들고 빈집은 늘어나고 있다. 도심 일부 지역도 미분양이 늘고 있다고 한다.

젊은 사람들이 내 집 마련 부담 때문에 결혼하지 않고 저출산으로

이어지고 있다.

　이웃 일본을 보라! 버블로 부동산에 묶인 일본 경제는 무너졌다. 일본의 주택 과잉 공급과 인구 감소는 '빈집 천만 채, 세 집당 한 집이 빈집'을 만들었다. 세금 부담으로 집값이 100엔(우리 돈으로 1,000원이 채 되지 않는다)으로 나오지만 팔리지 않는다. 우리나라 빈집도 151만 채(전국 주택의 8%)가 넘어가고 있다. 해결책이 없을까?

　미국 등 선진국은 주택 소유보다 임대가 많다고 한다. 저렴한 임대 주택으로 갈수록 높아지는 분양가와 이자 부담, 영끌족들의 대출 문제를 해결할 수 있지 않을까?

　'밤하늘에 별처럼 아파트가 저리 많은데 내 집이 없다'는 것과 '시골에 빈집은 많은데 방치되고 있다'는 현실, 이 아이러니가 풀릴 때까지 반지하 주택과 열악한 농촌 주거 환경은 해결되지 않을 것 같다.

동해안 산불과 ESG

울진 가는 길은 멀었다. 광주에서 순천으로, 순천에서 울진까지 5시간이 꼬박 걸렸다. 먼저 도착한 순천 팔마경기장 주차장에는 쌀, 즉석밥, 라면, 생수 등이 쌓여 있었다.

권분 운동

순천시는 나눔의 한 방식으로 코로나19 발생 내내 취약계층을 돕기 위해 권분 운동(조선 시대 부자들이 가난한 사람에게 곡식을 내어 주도록 하던 일)을 하고 있다.

"이 운동이 범국가적인 이재민 돕기 기부 운동으로 확산돼 산불 피해로 어려움을 겪는 이재민들이 희망을 가질 수 있었으면 좋겠다"라는 허 석 순천시장의 바람을 안고 울진으로 향했다.

우리 앞에 소방차를 에스코트 삼아 부지런히 뒤따라갔다. 울진에 다다르자 나무 타

는 냄새가 코를 찌르고 멀리서 산 위에 피어오른 연기가 보였다. 하늘 위는 부지런히 소방 헬기가 물을 나르고 있었다.

한순간의 실수

담배꽁초 불씨가 바람에 날려 퍼진 듯 도로 주변 등성이와 나무는 새까맣게 타 있었다. 여기저기 화마의 흔적은 아픔으로 다가왔다. 누구의 잘못인가?

불씨 하나가 순식간에 수백만 그루의 나무와 동식물의 생명을 앗아가 버린 것이다. 동식물의 비명이 들리는 듯하다.

동해안 산불

서울시 면적의 3분의 1, 축구장 2만 8,744개를 불태웠다. 동해안 산불 피해 면적은 2만 523ha다. 2000년 동해안 산불 피해에 이어 두 번째로 큰 규모로 이재민 438명(울진 335, 동해 96, 강릉 5, 삼척 2)이 발생했다. 지구 온난화로 미국 서부 일대와 호주에서도 산불이 크게 일어났다. 나무는 이산화탄소를 흡수하여 배출량을 줄여주는데, 탄소는 산불로 나무가 타면 다시 대기 중으로 버려질 수 있다. 이번 산불로 연간 209,230톤의 이산화탄소 흡수 능력이 상실되었다고 한다.

RCY 금강산 식목 행사

한국전쟁 후 조국의 황폐해진 산야에 나무를 심는다. 1953년 4월 5일 식목일, 부산의 고등학생들이 1만 그루를 심으면서 청소년적십자(JRC)는 시작되었다. "인간은 자연보호, 자연은 인간 보호"라는 표

어와 함께 매년 창립기념일에 식목 행사를 했다. 1990년 후반에는 '우리 학교 푸르게 운동'을 펼쳤다. 1990년대 단원들과 함께 창립기념일인 식목일에 나무를 심던 기억이 새롭다.

2003년에는 '남북 청소년적십자 우정의 나무 심기' 행사가 금강산에서 있었다. 최근 북한 김정은 부인인 리설주(당시 11세)로 추정되는 인물이 참여한 사진이 공개돼 화제가 되었다.

또한, 2013년 RCY(1973년부터 사용) 60주년을 기념하여 분단의 상징인 철원 DMZ 접경지역에서 청소년적십자 단원과 지뢰 피해자 5백여 명이 '평화, 생명의 숲 조성' 행사를 했다.

당시 고등학생 최모 군은 "나중에 통일이 돼서 북한 사람들과 같이 나무를 또 심었으면 좋겠다"라며 우리나라에 평화가 빨리 오기를 바랐다.

기후 위기와 ESG

산불 이외에도 폭염, 혹한, 집중호우, 허리케인, 지진 등 기후 위기로 인한 재난은 증가하고 있다.

기후 위기의 주범은 지구 온난화다. 지구 온도가 상승하여 발생하는 지구 온난화는 산업화로 인한 환경오염, 화석연료 사용, 가축의 증가와 음식물 쓰레기 등에서 발생하는 이산화탄소에 기인한다.

2015년 파리협정이 채택되었고 정부 간 협의체(IPCC)는 2100년까지 지구 평균온도 상승 폭을 1.5℃ 이내로 제한하기 위해서는 전 지구적으로 2030년까지 이산화탄소 배출량을 2010년 대비 최소 45% 이상 감축하여야 하고, 2050년경에는 탄소 중립(Net-zero)을 달성하여야 한다는 경로를 제시했다.

탄소 중립은 탄소 발생량만큼 탄소 흡수량을 동일하게 하여 제로화하는 것이다. 근대 산업 혁명 이후 기업은 오직 돈을 벌기 위해 지구 자원을 고갈시키며 자연을 파괴했다.

"도대체 지구에 무슨 짓을 한 거야?"

망가진 지구는 이상기온, 산림파괴, 빙하 침수 등으로 우리들의 생명을 위협하고 있다.
이제 기업의 목표는 '큰 기업'에서 '좋은 기업'으로 변화해야 한다. 좋은 기업은 제품과 서비스뿐만 아니라 환경과 사회 가치를 중시하는 ESG 경영을 추구한다.
따라서 모든 기업이 2010년 유니레버가 발표한 '지속할 수 있는 삶 계획(Sustainable Living Plan)'과 같은 장기 가치 창출 모델 계획을 마련해야 할 시점이다.

우영우와 장애

오래전 일이다. 거의 30여 년 전 행복재활원 지체 장애인을 데리고 먼 길을 동행한 적이 있다.

장애인 병영 체험으로 고 강영훈 적십자 총재가 격려차 방문한 전국 캠프에 참여하기 위해서다. 사지가 불편한 지체 장애인 친구였는데 사고의 수준은 범상치 않았다.

동행

봉고 차량으로 이동을 했는데 장애인 친구를 차에 올리고 내리는 게 여간 힘든 게 아니었다. 몸 전체가 굳어진 중증 장애인이고 아마도 처음이어서 더 힘들었을 것이다.

중간에 점심을 먹는 데도 쉽지 않았다. 그래도 혼자서 먹으려는 의지가 대단했다. 중간중간 그와 대화를 나누었다. 그의 영혼은 그지없이 맑았다. 줄줄 시를 읊었다.

어찌나 아름답던지?

모차르트가 작곡하듯 시를 지어 냈다.

그는 지금 어떻게 살고 있을까?

우영우

근래 드라마 중에 단연 인기이다. 〈이상한 변호사 우영우〉라는 연기자의 출중한 연기 덕도 있겠지만 주인공의 캐릭터 때문이기도 한 것 같다.

자폐 스펙트럼을 가진 우영우는 천재적인 변호사로서 사건을 척척 해결해 나가는 모습을 그린 드라마다.

"앞으로 읽어도 우영우, 뒤로 읽어도 우영우입니다."

꽤 친근한 자기소개다.

우영우는 어눌한 말투, 표정, 몸짓 등 여러 난관 속에서도 장애로 인한 편견을 이겨 낸다. 이 대목에서 시청자는 열광하고 시원해한다. 우영우의 비범한 능력과 주변 사람들의 이해 속에 가능한 것이다.

현실과 동떨어지다

하지만 과연 현실은 이러한가?

"느리다. 부족하다. 답답하다. 힘들다"라는 반응이 많을 것이다.

모든 기관이 장애인의무고용제를 통해서 고용하고 있지만, 아직도 그들이 사회에 적응하기는 쉽지 않은 분위기다.

그래도 '우영우'라는 드라마로 인해 장애인에 관한 관심이 높아지고 우리 시선이 좀 더 따뜻하고 관대해지는 것이 아닌가 생각된다.

한참 멀었다

주위를 둘러보면 장애인 편의시설도 많이 개선되었다.

장애인주차구역, 점자 표기, 신호등 음성 안내, 입구 경사로 설치 등등….

필자의 아들이 잠시 휠체어를 사용하게 된 적이 있다.

이만저만 애로 사항이 있는 게 아니었다.

먼저 지체 장애인 심사를 받고 등록을 해야 했다. 심사가 끝나는 기간은 장애인주차구역을 이용할 수가 없다.

"임시 증명서 발급이라도 안 되나요?" 답변은 당연히 "NO"다.

그러면 장애인 콜택시는 어떤가?

지자체마다 다르지만 대체로 2급 이상 장애인만 가능하다. 이러한 이유로 장애인증이 나오기 전까지는 정말 힘들었다. 일반 주차 구역은 좁아 차에서 내려 휠체어를 타기에는 진땀이 났고, 멀리 주차할 경우는 더 힘들게 이동해서 진료받아야 하는 불편을 감수해야 했다.

"아~ 어쩌란 말인가?"

정말 실질적이지 못한 제도에 분노가 밀려왔다.

장애인증을 받기 전에 이용할 수 있는 임시 주차증을 발급해 주차나 장애인 택시를 이용하게 해 주면 어떨지 조심스레 제안해 본다.

체험해 봐야 알 수 있다

아들 때문에 평소 무심하게 생각했던 장애인 주차 구역이 넓은 것도 휠체어 이동을 고려한 것이라는 것을 비로소 알 수 있었다.

RCY 업무를 담당했을 당시 단원들에게 교육하던 장애 체험 활동 프로그램이 있었다. 두 눈을 가리고 과자를 찾게 하거나, 휠체어를 타고 이동하게 하는 활동 등이다. 참여자는 불편함을 겪어 보고 장애인의 어려움을 잠시라도 이해하게 된다. 이 외에도 직접 장애인 시설에서 장애인 보조 활동도 해 보게 했다. 나중에 장애인들과 함께 무등산

중머리재까지 등반을 하기도 했다.
 아마도 우리 단원들은 이런 경험을 통해서 장애인을 보통 친구처럼 여겼을 것이다.

 직장에서 장애인 인식 교육을 의무화하고 있지만, 형식적인 비대면 교육보다 이처럼 직접적인 체험을 통해야만 조금이라도 장애인에 대한 인식 개선이 이루어질 수 있다.

마음의 장애를 걷어라
 아직도 많은 장애인은 세상 밖으로 나오는 것을 두려워한다. 따가운 시선 때문이다. 점점 나아지고는 있지만 "장애인은 불편하다. 미흡하다"라는 잘못된 편견을 버려야 한다. 이런 면에서 〈이상한 변호사 우영우〉 같은 드라마는 장애인에 대한 시선을 다르게 하는 인식 개선에 큰 도움이 될 것이다. 시청자들이 '우영우'를 보면서 느낀 장애인에 대한 긍정적인 공감을 놓치지 말고 일상에도 적용해 보았으면 좋겠다.
 장애인에 대한 배려와 존중을….

 이렇게 우리가 장애인에 대한 마음의 장애물을 조금씩 걷어 낼 때 장애인들은 당당하게 우리 앞에 모습을 드러낼 것이다.

 "앞으로 읽어도 우영우, 뒤로 읽어도 우영우입니다."
 이렇듯 친근하게 말이다.

결식아동

"끼니를 거르는 일은 없도록 해야죠."
매일유업 진암복지재단 김인순 이사장의 말이다.

10여 년 전만 해도 무료 급식소를 많이 운영했다. 광주적십자봉사관도 매주 두 차례 운영했고 방학이면 조손가정, 한부모가정에 주로 밑반찬을 배달해 주었다.

지원 예산 0원

"설마 아직도 끼니를 거르는 아이들이 있어요?" 2010년 결식아동 지원 예산이 0원이라는 언론 보도를 접하고 나온 말이다.

그런데 사실이었다. 수천 명도 아니고 무려 수십만 명의 아이들이 방학이 되면 끼니 걱정을 해야 한다. 학기 중에는 학교에서 급식으로 해결되지만, 방학 중에는 지방자치단체가 예산을 지원하고 있다.

지자체 예산이 부족하면 아이들이 급식을 지원받지 못하게 된다. 설령 지원받더라도 충분하지 않다.

모금

우리는 이 안타까운 현실에 아이들의 수치심을 줄여 주고 성장기 아동의 영양을 고려하여 봉사자들이 밑반찬을 만들어 배달하기로 하고 겨울방학 10주간 밑반찬을 제공하는 모금과 봉사 프로젝트를 수립했다.

사랑의 밑반찬 모금 캠페인은 이렇게 시작되었다.

"요즘 세상에 밥을 굶는 아이들이 있을까?"
이런 생각에 모금이 될까 싶었다.
그런데 기적처럼 기업이나 공사에서 관심을 가지고 참여하기 시작했다.

아이들도 용돈으로 모아 둔 통장을 가져오기도 했고, 여고생 36명은 야간 학습 때 간식비를 모아 전달하기도 했다. 김치며, 우유, 장갑 등 물품으로도 사랑의 손길이 이어졌다.

밑반찬 봉사

봉사관은 웅성거렸다. 시장까지 오셨다. 참여 기업과 단체 대표들도 와서 앞치마를 두른다.
정성껏 만든 각종 밑반찬을 반찬 통에 담고 배달 가방에 넣는다. 우유도 담는다.

"아이들이 좋아하면 좋겠네요."

"맛있게 먹고 잘 자랐으면 합니다."

환한 미소와 함께 덕담이 오고 갔다.
봉사 현장은 훈훈한 열기로 뜨거웠다.

해결책

10여 년이 지났지만, 여전히 방학이면 결식아동 지원 문제가 사회적 이슈로 지면에 오르내린다. 아직도 30만 명이 넘는 아이들이 끼니를 걱정한다고 한다.

더구나 한부모가정이나 다문화가정은 늘어나고 있으며 이들의 형편은 대개 어렵다. 어려운 형편 탓으로 아이들이 영양 부족으로 잘 성장하지 못한다면 초고령 사회에서 우리의 미래는 더 암울해질지 모른다.

어떻게 해야 할까?
우선 해결해야 할 문제는 결식아동에 대한 예산 부족이다. 지자체별로 급식 단가가 다르고 부족한 경우가 많다. 이제는 국가 예산으로 전부 충당해야 한다.
선진국 대열에 있는 우리나라가 예산이 부족해서 아이들이 끼니를 거르는 일이 반복되어서는 안 되지 않겠는가?

또 하나는 아이들의 수치심을 줄이고 질 좋은 음식을 제공할 수 있도록 자원봉사자를 통한 도시락이나 밑반찬 배달을 늘려야 한다. 이는 아이들뿐만 아니라 질병, 장애를 겪고 있는 부모나 조부모를 동시에 돌볼 수 있기 때문이다.

우리나라는 저출산으로 아동수가 급감하고 있다. 이것도 소중한 아이들을 잘 보호해야 하는 또 다른 이유다.

"아이들의 바른 성장이 우리의 미래가 될 것이다."
하루빨리 우리 사회에서 결식아동이란 단어가 사라지길 바랄 뿐이다.

봉사 중독

종종 봉사원들의 욕심 때문에 탈이 나기도 한다. 나 아니면 안 된다는 열정이다. 좋게 받아들이면 책임감이다. 팔이며 발목에 깁스를 하고도 봉사 현장을 포기하지 않는다.

한번은 충북 괴산 수해 복구 현장에서 원두막 지붕이 무너져 압사할 뻔한 일이 있었다. 아찔한 상황이 벌어졌다. 다행히 주변에 있던 30여 명의 봉사자가 사람들을 꺼내지 않았다면 큰일이 날 뻔했다. 허리를 심하게 다친 우리 지사 봉사원은 당시 영부인에게 위로 전화를 받는 영광을 누렸다고 자랑삼아 이야기했다. 그 일로 언론에서 크게 주목을 받았고 아마 그 봉사원의 평생 무용담이 되었을 것이다.

제주지사에 근무할 때다. 어떤 적십자 봉사원이 지구 회장직을 마치면서 목멘 소리로 하신 말이 생각났다. "봉사를 정말 열심히 했다. 내 몸을 사리지 않고 봉사했다. 그런데 남을 돕는다고 생각했는데 정작 내가 행복했다. 그래서 오히려 고맙다."

널리 구제하고 고루 사랑하라

오늘은 봉사원 대회가 여수에 있어서 가는 길이다. 문득 봉사원들과 함께해 온 일들이 주마등처럼 떠오른다. 재난 급식, 김장, 세탁, 제빵, 삼계탕, 화재 구호품 전달, 밑반찬, 봉사원 교육 등등 너무나 많은 현장에서 그들을 만난다.

노란 조끼의 적십자 천사들은 나눔의 대명사다.

원조 경쟁을 할 필요가 없다. 그러나 우리가 알아야 할 것은 1905년 고종황제께서 적십자 인도주의 정신을 '박애구제'로 선포하였다. "널리 구제하고 고루 사랑하라"라는 뜻으로 우리나라 근대 봉사활동의 효시다. 일제강점기를 넘어 임시정부부터 대한민국 정부 수립과 6.25 전쟁, 개발도상국에서 선진국 대열에 이르기까지 적십자는 우리나라 전 국민을 십시일반 기부자로 만들었고 봉사자를 양성했다.

작은 앙리 뒤낭과 희망을 지키는 사람들, 그리고 휴머니타리안

우리는 봉사자나 후원자를 교육하면서 "작은 앙리 뒤낭이 되자!"라고 한다. 앙리 뒤낭은 전쟁의 참상을 목격하고 자신의 사업을 뒤로하고 부상자를 구호하는 데 헌신한 사람이다. 이후 우리는 기부나, 봉사, 헌혈에 지대한 공을 세우는 사람들을 가리켜 '희망을 지키는 사람들'이라고 명명했다.

적십자사는 앙리 뒤낭을 비롯하여 근래 일제 임시정부하에서 적십자의 역할이 조명되면서 당시 인도주의 활동을 하신 도산 안창호, 안정근(안중근 의사 동생) 같은 분들을 가리켜 '휴머니타리안'이라고 칭한다. 이제는 자신의 이익을 버리고 남을 위해 봉사하는 삶을 사는 사람 모두를 '휴머니타리안'이라고 포괄적으로 정의하고 있다. 고로 봉사자 모두는 '휴머니타리안'인 것이다.

선한 영향력

"물 위에 던진 돌이 파문을 만들어 널리 퍼지게 한다."

적십자는 정부 수립 이래 적십자회비나 각종 재난 구호 활동 등을 통해 기부자나 봉사자를 양성해 왔고 정부 보조자로서 헌혈을 통해 전 국민이 나눔 활동을 시작한 계기를 만들어 주었다. 이런 활동은 오늘날 사회복지공동모금회, 자원봉사센터, 지역사회보장협의체로 발전하였다. 적십자의 활동이 그 선례였음을 누구도 부정하지 못할 것이다.

다만 과거 사회복지 공무원을 증가시키고, 시도 자치단체장들이 자원봉사센터를 이용하는 등 각종 부작용은 해결해야 할 과제이다. 이로 인하여 대가 없이 자발적으로 봉사하는 봉사자의 활동들을 위축시키고 있는 것은 아닌가 싶다. 따라서 순수 민간 봉사단체에 예산을 지원하는 것이 더 많은 사람을 돕는 방법이 아닌가 생각한다.

"무엇이 우리를 행복하게 하는가?"

김형석 교수는 백 년을 살아 보니 "30세까지는 '즐겁게 사는 것'이 행복, 60세까지는 '성공하는 것'이 행복, 노년에는 '보람 있게 사는 것'이 행복이다. 결국 나누고 베푸는 것이 행복이다"라고 말한다.

이러한 가치 있는 삶의 이치를 아는 듯 젊은 시절부터 나눔을 시작한 우리 적십자 봉사원들은 그야말로 선견지명이 있는 대단한 사람들이다.

김장 & 연탄

김장이나 연탄 이야기가 나오면 날씨가 쌀쌀해진다는 것이다. 그래서 날씨가 추워지면 빨간 김치, 까만 연탄 봉사활동이 우리 주위에서 시작된다.

빨간 김치

김치 봉사활동의 현장은 분주하다. 탁자 위에는 절인 배추와 빨간 양념이 놓여 있다. 후원 은행 관계자, 봉사원들이 위생모와 비옷을 걸치고 면장갑 위에 빨간색 고무장갑을 끼었다.

나도 복장을 갖추었다. 우습지는 않지만 어색한 것은 위생모 탓일 것이다.

"양념을 적당히 바르세요."
안내에 따라 김치를 버무리기 시작한다.
"적당히"란 말이 어렵다.

시작이란 소리가 무섭게 어머니 봉사원들의 손길은 늘 빠르다.
"천천히 하세요." "빨리하지 말고 정성껏 버무리세요."

한바탕 전투를 치르듯이 이런 소리를 몇 번 지르다 보면 어느새 사랑의 김장 김치는 먹음직스러운 모습을 갖춘다.

다음은 10kg씩 스티로폼 용기에 김치를 담는다. 무게를 다 잴 수 없으니 포기 수로 대략 맞춘다. 그리고 어려운 이웃에게 전달한다. 대개 김장 나눔의 봉사 현장 모습이다.

한때는 여의도 광장에서 수십 개의 텐트를 치고 1억 원 상당의 수만kg의 김치를 담그기도 했다. 천안에서도 행사를 했다. 겨울철만 되면 김장 나눔이 우리 사회봉사의 대명사였다.

그런데 지금은 어떨까?

"김치 없이는 못 살아~ 나는 못 살아"라고 노래하던 시절이 언제였는가 싶다. 이처럼 김치 소비량은 매년 감소하고 있다. 그런 탓인지 점점 김장 나눔 봉사도 줄고 있다.

또 배추 가격이 금값일 때면 더 걱정이다. 김치 한 조각이면 오첩반상도 부럽지 않은 노인분들이 아직도 많기 때문이다.

줄지어 서다

한번은 광주 사직공원 광장에서 김장 행사를 한 적이 있다. 공원 부근이라 무료 급식을 마친 노인분들이 구름처럼 몰려들었다.

김치한 쪽을 받기 위해 노인분들이 긴 줄을 서는 진풍경이 연출되었다.

한 가정에 10kg 한 상자를 전달하는 것보다 오히려 더 보람 있었다. 더 많은 사람이 김치 한 쪽이라도 맛볼 수 있다는 게 어쩌면 더 행복한 나눔이라는 생각을 했던 것 같다.

연탄 배달

2007년 겨울 초입, 서울 노원구 어느 달동네 눈이 내린다. 그것도 펑펑 내렸다. 바람도 얼굴을 세차게 때린다.

아침 일찍부터 수십 명의 사람이 삼삼오오 모여 주운 나무로 붙인 불을 쬐고 있다. 그들은 국민은행 직원들과 적십자 봉사원들이다. 차가 들어가지 못한 골목길에 길게 줄을 서서 '손에서 손으로' 연탄을 옮긴다. 리어카에 연탄을 싣고 배달도 한다.

연탄 한 장 한 장에 따뜻한 마음이 전해지는 것 같다. 그날따라 날씨가 추워서인지 그 마음이 더 애틋했다. 연탄 덕분에 뜨끈한 아랫목에서 어르신들이 생활할 수 있다는 생각에 뿌듯했다.

사랑의 연탄 배달은 RCY 단원들도 참여하고 있다. 광주에서는 10여 년 전부터 매년 11월에 기부금을 모아 수만 장을 배달하는 봉사활동을 하고 있다.

초등학생들도 참여하는데 이들 말이 처음으로 연탄을 본다고 한다.

추억이 되다

지금의 중장년층은 70~80년대에 대부분 연탄을 사용했다. 추운 새벽에 일어나 눈을 비비며 연탄을 갈 때도 많았다. 탄광 매몰 뉴스, 일산화탄소 중독으로 일가족이 사망하는 등 가슴 아픈 일도 보았다. 그래도 산업화 시기에 연탄은 우리 삶의 보금자리를 따뜻하게 해 준 고마운 존재였다. 이런 연탄의 사용량은 점점 줄어 이제는 8만여 가구에 지나지 않는다고 한다. 그런데도 연탄 기부는 줄었다고 한다. 아마도 연탄이 탄소를 배출하기 때문일까? 머지않아 연탄은 곧 사라질 것 같다.

《연탄길》의 저자 이철환은 연탄의 고마움을,
내 자신을 전부 태워,
"시린 손 녹여 줄 따스한 사랑이 되고 싶었습니다.
님의 추운 겨울을 지켜 드리고 싶었습니다.
눈보다 더 하얀 사랑이 되고 싶었습니다"라고 시적으로 표현했다.

힘들게 살았던 시절,
이렇게 연탄은 우리에게 따뜻함을 주고 재가 되어서도 진흙탕 길과 미끄러운 눈길을 메워 준 고마운 존재였다.

이제 '정겨운 추억'으로만 남을 것 같다.

RCY와 청소년단체

오랜만에 모였다. 코로나로 인한 거리 두기로 약 3년 만이다. 어디나 동문회는 시끌벅적하다.

"오랜만이야!" "잘 지냈지?"
흡사 이산가족 상봉이다.
동지애가 끈끈하다.

 # RCY 동문회
70대 중반의 노신사도 어린 시절 RCY 단원이 되어 즐거운 마음이 되었다. 돌아가며 소회를 밝히는데 가슴에 와닿는 말을 했다.

"어린 시절, 청소년적십자 단원으로 활동했기 때문에 지금까지 봉사를 잊은 적이 없었다."

'봉사'라는 말이 마음에 무겁게 자리 잡아 인생살이에 지침이 되었다고 한다.

반기문과 케네디

반기문 유엔 사무총장은 고등학교 시절 JRC(RCY의 옛 명칭) 단원으로 존 F. 케네디 미국 대통령을 만났다.

케네디가 "자네, 무슨 일을 하고 싶은가?"라고 물었고 "외교관이 되겠습니다"라고 대답하자, "그래, 멋진 외교관이 되게"라고 했다고 한다.

이를 계기로 그는 외교관으로서 꿈을 키웠다.

그는 유엔 사무총장이 되었고 UN 본부를 방문한 RCY 단원들에게 "한국에서 UN 활동의 시발점은 전쟁에서 펼친 적십자 활동에서 시작되었다"라며 "UN 방문이 전 세계적인 문제에 시야를 넓히는 계기가 되기를 바란다"라고 말했다.

청소년단체가 많지 않던 60~70년대, 우수한 인재들이 사랑과 봉사의 청소년적십자 단원으로 활동했고 그들은 성인이 되어 우리 사회의 지도자가 되었다.

RCY와 인연

나는 입사하고 얼마 되지 않아 청소년과에서 근무를 하게 되었다. 20대 후반의 열정으로 전국 캠프를 종횡무진 치렀다.

지금 생각해도 그 당시에는 무서울 게 없는 추진력으로 일했던 기억이 있다.

그렇게 7년을 근무했다.

학창 시절 변변한 서클 활동을 해 보지 못했던 나에게는 소중한 경험이었다.

당시 혈기 왕성한 대학생 RCY 회원들과 함께했던 활동들은 잊을 수가 없다.

과연 그들도 그럴까?

나는 그들 인생에 한 조각 남을 만한 추억이 될 수 있기를 바라는 마음으로 여자도 어촌 봉사며 부산 기차 여행 같은 프로그램을 기획했다.

모였다

15년이 훨씬 더 지나 아줌마, 아저씨가 된 대학생 회원들을 다시 만났다. 이제 의젓한 사회인으로 성장했다.

어느 선생님이 한 말이 기억난다. "공부 잘하는 학생보다 RCY 활동을 통해서 사회성이 발달한 아이들이 더 출세한다." 반드시 그러지는 않겠지만 맞는 말이기도 한 것 같다. 다들 훌륭하게 성장했다.

그 자리가 마치 청춘을 바친 보답처럼 느껴지고 사은회 같아서 스스로 감격스러웠다면 너무 감성적인가?

"한번 적십자는 영원한 적십자"라는 말이 절로 나왔다. 이렇게 만난 지도 벌써 10여 년이 흘러가고 있다. 더 성숙해져 있을 그들 모습이 그립다.

무너지는 RCY와 청소년단체

무너지고 있다. RCY, 스카우트, 청소년연맹 등 건전한 청소년단체 활동이 뿌리째 흔들리고 있다.

이는 교육감들이 일선 교사의 행정부담을 줄이고자 '학교 밖 청소년단체' 활동을 추진한 결과다. 수년 전부터 청소년단체협의회를 중

심으로 논의를 거듭했지만 이길 수가 없었다. 지금은 고위공직자 자녀의 입시 부정 등으로 봉사활동에 대한 불신을 반영하듯 아예 학생생활기록부에 기록조차 할 수 없는 지경이다.

설상가상 코로나 거리 두기까지 겹쳐 전혀 청소년활동이 이루어지지 못했다. 이에 따라 청소년단체 단원 수는 급격히 줄고 있다. 외국처럼 학교 밖에서 활동하면 되지 않냐고 이야기하지만 우리 입시 위주 교육 현실로는 가능성이 전혀 없다.
그래도 '되돌릴 수 없는가?' 없다면 대학 입학사정관 전형에서 반영 비율을 높이는 방법뿐인가?

대안은 없는가?

미국의 뛰어난 하버드 등 아이비리그 대학은 성적뿐만 아니라 헌혈 등 봉사활동, 단체 활동을 중요시한다는 것은 주지의 사실이다.

핵가족으로 지극히 이기적인 아이들에게 필요한 것은 사회성인데 말이다.

나는 대학원에서 석사학위 논문으로 일반 청소년과 청소년단체 활동을 한 학생들을 비교 연구한 바 있다. 그 결과는 당연히 활동 학생이 이타적이며 사회성이 높게 나타났다.

논문이 아니더라도 어느 선생님이 말한 것처럼 경험치로도 충분히 알 수 있는 사실이다.

이런 결과를 볼 때 청소년활동을 장려하는 교육정책과 환경으로 바꾸는 것이 맞지 않는가?

청소년은 미래의 주인공

인성이 무너진 학생들은 중범죄도 마다하지 않는다.
이래도 자기만 아는 아이들에게 공부만 가르칠 것인가?
이들이 우리의 미래다.

청소년단체 활동은 공동체 의식과 민주시민의 자질을 키우며 학교의 지식 위주의 교육을 보완한다. 어떤 형식으로든지 청소년단체의 활동은 포기되어서는 안 된다. 따라서 우리 사회 지도층과 학부모들도 이 점을 충분히 인식하고 고민해야 한다.

청소년들이 잘 자라야 우리의 미래가 있지 않을까?
"청소년은 미래의 주인공이며 우리의 미래다."

바자

우리나라에서 가장 크기로 손꼽히는 실내 공간이 눈에 들어왔다. 서울 코엑스 홀이다.

우리는 올해 적십자 바자 준비를 위해 판매대를 설치했다. 차곡차곡 물건이 들어오고 그 큰 공간은 금세 물건으로 가득 찼다.

적십자 바자

'조손가정을 위한 사랑의 바자' 현수막도 걸렸다. 대한적십자사 여성봉사특별자문위원회와 수용봉사회가 매년 10월이면 이곳에서 개최하는 행사다. 이 행사에는 외교사절 부인들도 함께한다. 가끔은 영부인이 참석해서 자리를 빛내기도 한다. 이제는 십수 년이나 지나 많은 사람이 기다리는 바자다.

바자 물품은 기업, 백화점, 정부 부처, 공사 등에서 마련한 것으로 의류가 많고 잡화, 건강식품, 농어촌 지역 특산물로 기부 물품도 있고 직접 판매하기도 한다.

오픈되자마자 사람들이 밀물처럼 몰려들었다. 모 백화점 의류가 가장 먼저 동이 난 것으로 기억된다. 하루 바자 행사에 자그마치 수

억 원의 기부금이 모여 오롯이 전국의 조손가정을 위해 사용되었다.

수요봉사회

대한적십자사 여성봉사특별자문위원회는 수요봉사회와 함께하고 있다. 수요봉사회는 1964년 고 육영수 여사의 제안으로 차관부인반, 금융기관반, 공공기업반, 외국 대사관 부인반, 자문위반 등으로 구성된다. 이중 자문위반은 주요 부처 장관 부인, 대기업 부인 위주로 구성된다.

주요 활동으로는 적십자 바자와 적십자사 강당에서 매월 손뜨개질로 사랑의 선물 주머니를 제작하는 활동을 이어 오고 있다. 이렇게 만든 사랑의 선물 주머니에 생필품을 담아 연말이 되면 취약계층 등에 전달한다.

여성봉사특별자문위원회는 15개 지사에도 자치단체장 부인과 기업체, 병원, 법조계 부인 등으로 조직되어 활동하고 있다.

자랑스러운 적십자 봉사회상

2007년 유중근 총재(당시 여성봉사특별위원회 위원장)는 새로운 활동을 기획한다. '자랑스러운 적십자 봉사회상' 시상이다. 우수 봉사원을 국무총리 공관에 초청하여 격려하는 자리다.

"어서 오세요! 반갑습니다!"

공관 입구 계단에서 줄지어 본사 자문위원들은 웃으며 봉사원들을 환대했다.

그 모습이 얼마나 인상적이던지 지금도 눈앞에 생생하다. 오찬장에는 국무총리와 부인이 나와 봉사원들을 격려해 주었다.

잠깐이지만 봉사원들에게는 정말 영예로운 순간이었을 것이다. 이 행사는 지금까지 15년째 지속해서 이어지고 있다.

된장 바자

"힘껏 저으세요, 밑바닥에 소금이 고이지 않도록 잘 저으세요."
된장을 만들기 위해 천연수에 토판염을 넣고 부지런히 젓는 장면이다.
"무슨 된장이냐고요?"
광주 전남지사 자문위원회는 바자 대신 된장과 간장을 만들어 판매를 하고 있다. 시간과 품이 들지만, 물품을 판매하는 바자보다 더 실속이 있기에 10년째 이어 오고 있다.

노블레스 오블리주

어느 국가나 사회에서 사회지도층의 자선 활동은 본보기가 된다.

국무총리 부인인 홍소자 전 부총재는 바자 오프닝을 할 때마다 머릿속에 "많이 벌어야 할 텐데"라고 생각하면서 열심이었다고 한다. 이런 열정들이 오늘날 여성봉사특별자문위원회를 우리 사회에서 우뚝 서게 했을 것이다.

우리 사회에 훌륭한 여성단체가 많지만 여성봉사특별자문위원회는 소외된 이웃을 위해 '노블레스 오블리주'를 선구적으로 실천해 왔고, 앞으로도 지금처럼 어두운 곳을 환하게 비추어 주는 등불 같은 존재가 될 것을 믿어 의심치 않는다.

해외 봉사

공항에서 적십자 봉사단이 출국 수속을 받기 위해 먼저 짐을 부치기 위해 올려놓는데 기준량 초과란다.

"아뿔싸, 어쩌란 말인가?"

순간 "짐을 두고 가야 하나?" "미리 체크를 못 한 탓을 해야 하나?" 별생각이 다 들었다.

침착하게 봉사자들을 다독거리며 우선 짐을 개별 기준량에 맞춰 나누었다.

초과한 물품에 대한 비용 문제가 걱정되었는데, 항공사 관계자에게 봉사 물품임을 설명하자 다행히 통과시켜 주었다. 휴~ 한숨을 돌리며 인도네시아 국제봉사단은 인천공항을 벗어날 수 있었다.

머나먼 일정

새벽부터 광주에서 출발한 우리는 긴 비행시간을 거쳐 저녁 무렵 자카르타에 도착했다. 잠시 숙소에서 눈을 붙인 후 인도네시아 적십자사를 방문하고 우리는 소형 비행기로 스마랑이란 곳에 도착했다.

이 비행기는 탑승 인원이 10명 내외이고 약간 큰 헬기라고 생각하면 될 것 같다. 그나마 조종사가 영국인이라고 해서 안심이었다. 그래도 어찌나 무섭던지 1시간 내내 기류에 비행기가 요동칠 때마다 가

숨을 졸여야 했다.

이렇게 하루 반을 걸려 힘겹게 도착한 우리 봉사단은 또 차량으로 먼 길을 향했다.

지진

드라마로 유명한 휴양지 발리와는 다르게 인도네시아 대부분은 화산 폭발과 지진이 끊이지 않는 나라다.

그 말을 증명하듯 인도네시아 봉사단 2기가 자카르타에서 학교 봉사를 할 때였다.

교실 안에 있었는데 갑자기 몸이 휘청거리고 건물이 흔들렸다. 순간 우리는 당황했지만, 그곳 학생들은 아랑곳하지 않았다. 그런데 국내에서는 난리가 났다. 지진 규모 5.9가 넘는 강진으로 큰 피해가 발생했다고 언론에 보도된 것이다. 다행히 우리는 지진 발생 지역에서 멀리 떨어져 있어서 약간의 진동만을 느꼈고 우리 봉사자들은 안도의 숨을 내쉬었다.

해외 봉사는 이렇게 예기치 못한 상황을 접하기도 하는 것이다.

물과 위생

식민지를 겪은 인도네시아의 대도시는 거의 선진국과 같은 시설을 가지고 있지만, 농촌은 크게 달랐다. 60~70년대 우리 농촌과 비슷하다. 좀 더 열악하다. 아프리카처럼 식수는 깨끗하지 못하고 대소변은 노상에 널려 있다. 비위생적인 생활 습관 때문에 이곳 사람들은 수

인성 질환으로 생명을 잃기도 한다.

우리가 방문한 마을도 그랬다. 대부분 흙바닥에서 생활하고 화장실은 집 부근 웅덩이 옆에 두고 있었다. 그 웅덩이 물을 식수로 사용하기도 했다.

또 다른 마을은 먹을 것이 부족한지 돌아다니는 고양이나 닭을 보면 비쩍 말라 있었다. 마을 뒤편은 쓰레기가 가득 찼다. 오염된 하천과 지하 배수관에서는 악취가 심했다. 우리는 사탕과 과자, 상처에 바를 연고까지 내주었다. 그래서인지 아이들은 마냥 뛰어다니며 우리를 졸졸 따랐다.

물과 위생 문제는 아프리카에서만 아니라 동남아시아 국가에서도 이처럼 심각했다. 우리 사회는 한때 '우물 파기' 릴레이가 이어지기도 했다. 적십자에서도 오래전부터 네팔, 라오스, 인도네시아에서의 물과 위생 사업을 진행해 왔다. 인도네시아 적십자사 직원은 우리가 방문한 마을을 가리키며 앞으로 이곳에 화장실과 수도가 만들어질 거라고 설명해 주었다.

아파트에서 태어난 우리 아이들 대부분은 재래식 화장실을 모를 것이다. 과연 집 밖에 웅덩이 화장실을 보면 무슨 생각이 들까?

학교 봉사

해외 봉사활동을 하다 보면 학교 봉사를 빼놓을 수가 없다. 아이들과 학교의 환영은 열렬했다.

"아이들이 얼마나 좋아하던지." 베트남에서도 학교와 아이들은 우리를 대대적으로 반겼다.

대부분 해외 봉사를 가면 하는 일이 학교 봉사다. 기본적으로 준비해 간 교육과 친선 활동을 한다. 위생 교육이며 태권도, 심폐소생술과 응급처치, 장기자랑을 한다. 한류의 영향인지 한국 가요와 댄스를 곧잘 따라 한다. 인도네시아에서는 아이들에게 심폐소생술(CPR)을 교육하고 부목 처치와 직접 천으로 운반구를 만들어 환자를 이송하는 교육도 했다. 그다음은 교내 청소와 나무 심기다. 학교 밖에는 바람과 해일을 막기 위해 방풍림을 심었다. 그리고 대표적인 봉사활동으로 학교 담장과 화장실에 페인트를 칠했다. 베트남 하노이에 갔을 때는 담장에 청소년적십자 60주년을 기념하는 상징과 양국의 국기도 그려 넣었다.

희망의 눈동자

베트남이든 인도네시아든 아이들은 천진난만하고 붙임성이 있었다. 우리를 보면 웃으며 달려온다.

아이들은 휴대전화로 사진을 찍는 것을 좋아했다. 스스럼없이 다가와서 포즈를 취했다.

나는 유독 아이들의 눈동자에 꽂혔다.

이 아이들의 맑은 눈동자에서 지금은 가난하지만, 미래의 희망을 느꼈다.

지금도 아이들의 사진을 보노라면 이들이 잘 성장해서 이 나라 미래를 이끌어 갈 것이라는 믿음이 든다.

감사하며 봉사하며 산다

봉사 여정의 마지막은 참가자들이 모여 느낀 점을 이야기하는 것이다. 참가자 중 나이 드신 봉사자 대부분은 자신의 버킷리스트 하나를 달성했다며 미소를 띠며 좋아했다. 젊은 봉사자들은 가슴 절절하다. 비참할 정도의 위생 상황에 충격을 받았고 앞으로의 다짐도 쏟아 냈다.

"쓰레기 더미, 더러운 물, 악취 속에서 사는 아이들을 생각하면 눈물이 난다." "자기 삶을 돌아보게 됐다. 항상 감사하는 마음으로 봉사하는 삶을 살겠다"라고 말한다.

한참 해외 봉사 붐이 일던 때가 있었다. 공항에 배낭을 멘 청소년들이 우글거렸다. 그러다가 한순간에 사라졌다. 그 이유가 대학입시에 반영이 되지 않기 때문이라고 하니, 우리 사회의 해외 봉사에 대한 인식 부족에 애가 탈 뿐이다.

젊은이들의 해외 봉사는 삶을 크게 변화시킬 수 있다. 해외 봉사는 가난과 빈곤을 모르는 젊은 세대에게 어렵고 힘든 처지의 지구촌 사람들을 이해하게 하고, 세계시민으로서 인식과 나눔을 배울 수 있도록 하기 때문이다.

지도 밖으로 행군하라!

지금도 지구 곳곳에서는 재난이 일어나고 있다. 근래에 아프간 무력 충돌, 우크라이나 러시아 전쟁에서 최근 튀르키예, 시리아 지진에 이르기까지 인도적 위기는 증가하고 있다. 다행히 이를 극복하는 데 전 세계적인 관심과 도움이 이어지고 있다. 이를 수행하는 데 있어 적십자의 구호 봉사활동은 단연 독보적이다. 특히 전쟁 및 무력 충돌 지역은 제네바 협약에 의해 적십자만이 활동할 수 있다. 적십자는 국제적십자위원회(ICRC), 국제적십자사연맹(IFRC), 각국의 적십자사와 적신월사 등 국제적십자 네트워크를 통해 이들을 돕고 있다.

지구 역사에서 교통과 통신의 혁명적 발전은 지구촌을 하나로 만들었다. 특히 전쟁이나 대형 사고, 대형 재난, 코로나와 같은 전염병은 어느 한 나라의 문제가 아니다. 이러한 문제 해결은 전 세계의 연대와 협력을 요구한다. 기후 위기, 탄소 중립, 미세먼지 등의 어젠다는 더욱 그러할 것이다.

따라서 지구촌은 공동운명체로, 세계시민으로서 역할을 주문하고 있다. 더구나 우리나라는 6.25 한국전쟁 당시 많은 국가로부터 도움을 받았다. 이제는 우리 젊은이들이 인도적 위기에 처한 지구촌 가족들을 위해 도움을 주는 데 앞장서야 하지 않겠는가?

'바람의 딸' 한비야의 《지도 밖으로 행군하라》라는 책 제목처럼 우리 젊은이들이 세계를 향해 진군하기를 바란다.

나눔강연
Part 2

우리들의 나눔 이야기 Ⅱ
(생명과 모금)

5.18과 인도주의

최루탄 연기가 자욱하다. 눈과 입이 맵다. 눈물이 흐르고 따갑다. "따당 땅 따당!" 최루탄 쏘는 소리가 굉음을 낸다. 여기저기 학생들이 뛰어다닌다. 이 모습은 80년대 대학가의 흔한 풍경이다.

우리가 전경대원과 대치할 때면, 서로 마주치는 눈빛을 보며 시대의 아픔을 느꼈다. 바로 그들이 "내 친구, 선후배가 아니었던가?"

두려움

5.18 당시 나는 고등학생이었고 전남 고흥에서 살았다. 오월 어느 날, "광주에서 사람이 많이 죽었는데, 군인들이 사람들을 보면 마구 총을 쏜다"라며 아버지는 우리 식구를 모처로 피신시켰다. 하룻저녁이지만 얼마나 무서웠는지? 잠이 오지 않았다. 광주에서 멀리 떨어진 고흥에서조차 느끼는 두려움이 이 정도였는데, 광주에 살던 사람들은 어땠을까?

인도주의 정신

5월 18일부터 27일까지 열흘 동안 광주에서는 무슨 일이 있었던 것일까?

군인들이 학생들과 시민들을 구타하고 학살하자, 시민군이 만들어지고 광주 시민들은 주먹밥과 헌혈로 그들을 지원했다.

전남도청에서 가까운 광주적십자병원에는 부상자로 가득 찼다. 수술할 피가 부족하자 수백 명의 시민이 팔을 걷어붙였다. 당시 근무한 선배의 목격담은 이렇다. "부상당한 학생과 시민뿐만 아니라 군인들도 있다. 성난 시민들의 눈을 피해 다른 곳으로 빼돌리기도 했다."

적십자는 정부의 보조자지만 전쟁터에서 부상자를 적군과 아군의 차별 없이 구호한다는 인도주의 정신과 중립의 원칙에 의거 적십자 소속 의사와 간호사 등 직원들은 열흘 동안 철야 근무를 하면서 부상자를 치료했다. 당시 치열했던 모습들을 영화 〈택시운전사〉에서 엿볼 수 있다.

역사적 장소가 된 광주적십자병원

1992년 나의 첫 근무지 광주적십자병원, 적십자와의 인연은 그렇게 시작되었다. 처음엔 이곳이 5.18과 연관되었는지 전혀 몰랐다. 누구도 먼저 말하지 않았다. 그러다가 당시 영선 담당 이 주임이 취기에 그날들의 참상을 털어놓았다. "말도 말게, 아비규환이었지. 총상 환자라 피를 많이 흘렸지. 여기저기서 가족들이 오열하고."

이 참담한 상황을 역사 속에서 지울 수 없어서였을까? 40년이 넘었지만, 적십자병원 건물은 거의 변함없이 그대로 남아 있다.

사적지

적십자병원답게 유독 행려 환자가 많았다. 실은 다른 병원에서 잘

받아 주지 않는 탓이 컸다. 버려진 사람들, 아파야 실려 오는 곳, 그들에게 그래도 적십자병원이 있어 다행이었을 것이다.

그러나 안타깝게도 1996년 적십자병원은 경영난으로 서남대학교병원에 매각된다. 이렇게 역사 속으로 사라지는 듯싶었다.

그런데 광주시가 옛 광주적십자병원을 5.18 사적지 제11호로 매입하여 시민의 품으로 돌려주려는 계획을 세웠다. 앞으로 건물 원형을 그대로 보존하고 내부 보수 공사를 통해 교육관, 헌혈의 집, 방문자센터 등으로 활용한다고 한다.

1859년 이탈리아 솔페리노 언덕에서는 큰 전투가 있었다. 많은 사상자가 발생하고 까스띨로네 마을교회는 부상자를 구호하는 치료소가 되었다. 오늘날 그곳은 인류애를 실천한 적십자 유적지로 사람들의 존경과 추앙을 받고 있다.

이처럼 옛 광주적십자병원도 인도주의 정신을 구현한 역사적 현장으로 자리매김이 되기를 희망한다.

공공의료

코로나19가 기승을 부리고 환자를 수용할 병원이 부족했다. 다들 꺼렸다. 이런 가운데 코로나 전담병원으로서 적십자병원은 공공성을 보여 줬다. 하지만 공공의료는 운영이 어렵다.

"매달 직원들 월급이나 줄 수 있을까 고민한다."

"코로나 전담병원 인식 때문에 지역 주민이 찾지 않는다."

코로나19 이전 수준 회복까지는 최소 4년 이상이 소요될 거라고 한다.

적십자사는 전국적으로 7개의 병원을 운영하고 있다. 일선 원장들은 "공공의료는 평상시에도 적자를 수반한다. 그런데 여기에 전담병원까지 운영했으니 회복이 쉽지 않다"라고 걱정하고 있다.

코로나 팬데믹을 겪으면서 우리 사회는 전담병원이 얼마나 소중하고 절실한지 알게 되었다. 공공병원이 유지될 수 있도록 정부 지원이 더 필요한 이유다.

그날이 오면

"오월 그날이 다시 오면

우리 가슴에 붉은 피 솟네.

오월 그날이 다시 오면

우리 가슴에 붉은 피! 피! 피"

한동안 부를 수 없었던 금지곡이 다시 불리자 가슴이 먹먹하다.

올해 오월에도 어김없이 봉사원들과 함께 5.18 묘역을 찾아 묘비를 닦고 꽃을 새롭게 갈아 끼웠다. 그리고 추념일 당일 묘역 입구에서 오월 주먹밥을 나누어 주며 5.18 당시 학생과 시민들의 정의로운 눈빛을 상상해 보았다.

동시에 스쳐 지나가는 물음,

1980년 오월 그날에, 내가 적십자병원에 있었다면,

"나는 무슨 일을 했을까?"

오월의 햇살이 묘비에 비친다. 그 빛이 유난히 눈부시다.

예비군 헌혈

강당에는 사람들로 꽉 찼다.
예비군 훈련장이다.

"여러분! 지금 혈액이 부족해서 수술을 못 하고 있습니다. 여러분 가족이라 생각하시고 생명을 살리는 헌혈에 꼭 참여해 주세요. 헌혈 하실 분은 강당에 남아 주시기 바랍니다."

줄지은 행렬
헌혈자가 줄을 이었다.
당시 강당 단상에는 팔을 걷고 누워 있는 예비군들의 모습이 진풍경이었다.
혈액이 수북이 쌓였다. 20여 년 전 예비군 헌혈 현장이다.

지금은 이런 모습을 볼 수 없다. 그때 예비군 교육을 받았던 사람들은 기억할 것이다. 연례행사처럼 헌혈하기 위해 헌혈 버스를 기다리지 않았던가?

당시 나는 군부대 헌혈 담당자로 동분서주했다.

언제나 혈액은 부족하다.

부대 관계자들과 만남을 통해 헌혈의 중요성을 알렸다. 간혹 힘들게 하는 부대 관계자들도 있었지만, 대부분 부대장은 적극적으로 호응했다.

2000년 즈음 예비군 헌혈은 지휘관의 재량으로 이전처럼 모든 지역에서 이루어지지는 않았고 광주·전남과 부산 지역에서만 명맥을 유지하고 있었다. 이후 점점 사라졌다.

코로나보다 무서운 혈액 부족과 저출산

우리는 코로나를 겪으면서 헌혈의 중요성을 절감했다.

"혈액 부족은 코로나 감염보다 더 위험할 수 있습니다"라고 독려하면서 고비를 넘겼지만, 헌혈자는 20~30만 명이 줄었다.

그러나 이게 끝이 아니다. 코로나 이전부터 저출산으로 인한 헌혈자 수 감소는 가속화되고 있다. 반면에 초고령화로 혈액 사용량은 늘어나는 실정이다.

답은 중장년층

어떻게 해결해야 할까?

답은 신규 헌혈자를 늘리는 것이다. 그런데 저출산으로 줄어드는 학생이나 군인에게 의존하는 현재 헌혈 구조로는 해결되지 않는다.

그 방법은 중장년층 헌혈 인구를 늘리는 것이다. 이미 선진국에서는 중장년층 헌혈 인구 비중이 높다.

우리나라도 헌혈 가능 나이를 만 69세로 늘리고 중장년층을 위한 외식, 연극, 영화, 여행 등 다양한 프로모션을 실시하고 있지만, 인구 감소로 줄어드는 혈액 부족을 아직은 중장년층의 헌혈 증가로 막지 못하는 상태다.

 # 예비군 헌혈 부활
이벤트 외에 다른 방법이 없을까?
예비군 교육은 국민의 생명과 재산을 보호를 목적으로 한다. 헌혈도 생명을 보호하는 일이다. 그러므로 헌혈은 예비군 교육과정의 하나라고 해도 무방하지 않은가?

예비군 교육 시 헌혈을 하게 되면 직장이나 사업장에서 헌혈로 인한 업무 손실을 줄이는 효과도 있을 것이다.

이것도 아니면, 코로나 시기에 한시적으로 그해 헌혈증을 제출하면 민방위 교육 시간 일부를 면제해 주었는데, 이 혜택은 계속될 것 같다.

혈액 사업은 국민의 생명을 책임지는 국가사업이다. 그러므로 예비군 훈련장에서 헌혈은 관계 당국의 인식 변화와 정책 의지에 달려 있다고 본다.

다시 푸른 군복을 입고 생명을 살리는 헌혈에 줄지어 동참하던 그 때 모습을 그리며, 예비군 헌혈의 부활을 주장한다.

"동의하시면 손을 들어 주세요!"

국립혈액원

"검사는 했는데. 어떻게 된 일인가?"

한바탕 태풍이 세차게 지나간 듯 난리가 났다. 2003년 당시 수혈에 의한 에이즈 감염으로 우리 사회는 큰 충격을 받았다.

그 여파로 해당 혈액원장들이 줄줄이 법적인 처벌과 함께 보직을 사퇴하게 되었다.

한계

혈액검사의 한계가 드러난 것이다. 당시 혈액검사로는 1개월 이내 에이즈 바이러스에 감염된 혈액을 걸러 낼 수 없었다. 그래서 핵산증폭검사(NAT)를 도입했다. 이것도 완전한 해결 방법은 아니지만 2주 이내로 줄일 수 있게 된 것이다.

"핵산증폭검사 장비 구매 등에 수백억 원을 감수하는 게 맞느냐?"

"그러면 기존 방식을 유지해서 만약 당신이나 가족이 감염된다면 감당할 수 있겠는가?"

한참 갑론을박이 있었던 것 같다.

지금에 와서 돌아보니 잘한 결정이었던 것 같다. 이후 혈액 사업은 선진국에 못지않은 검사와 관리 체계를 구축했기 때문이다.

가슴 아픈 일

이 과정에서 내가 근무한 혈액원에서 한 고등학생이 수혈로 에이즈에 걸렸다고 주장하며 배상을 청구한 소송 업무를 처리하게 되었다.

"어쩌면 좋은가? 앞길이 구만리인데. 통곡할 일이다."

매정하게도 소송은 기각되었다. 재판부는 인과관계가 불분명하다고 판시한 것으로 기억된다. 그저 불운으로 받아들일 수밖에 없었다.

"어디에 호소할 것인가?"

안타깝고 가슴 아픈 일이었다. 이런 과정을 겪으면서 국가가 귀책사유가 없더라도 천재지변을 당한 이재민처럼 배상할 필요가 있다는 생각이 들었다.

국립혈액원

적십자는 정부 지원으로 핵산증폭검사를 위한 NAT 센터를 구축하는 등 혈액 사업 개선에 매진했다. 그러나 혈액 사고 여파는 컸다.

2006년 유시민 보건복지부 장관은 정부가 직접 운영하는 국립혈액원을 검토한다.

기실 1958년 적십자사는 정부로부터 국립혈액원을 인수하여 혈액 사업을 시작했다. 4.19 혁명 피해자를 위한 적십자의 헌혈이 최초로 시행되고 생명을 살리는 헌혈은 전쟁터에서 적군, 아군 구분 없이 부상자를 구호하는 인도주의 이념을 보급하는 적십자의 대표적인 활동이 되었다.

적십자는 우리 사회 매혈 문화를 없애고 봉사활동으로 혈액 사업을 발전시킨다. 하지만 앞서 거론했듯이 2003년 에이즈 수혈 감염으로 국민에게 호되게 비판을 받으며 위기에 처하게 된 것이다.

지금도 그렇지만 당시에도 "적십자가 무슨 일을 하는 곳인가?" 하고 물으면 대다수 국민은 '헌혈'로 인식하고 있었다.

그런데 국립혈액원이라니?

정부 대신 비판을 감수한 면도 적지 않은데 불명예스럽게 퇴출당하듯이 정부로 이관당하는 것은 억울하기도 했다.

정은경을 만나다

이와 같은 소용돌이 속에 필자는 혈액관리본부 기획조정팀장을 맡았다. 당시에는 경기도 평촌에 있는 보건복지부 청사를 거의 매주 다녔다.

적십자가 혈액 사업을 수행하면서 시행착오나 잘못이 있었겠지만, 적십자 내부에서는 '이런 오명 속에서 물러나야 하는가?'와 '더 발전적인 입장으로 보아야 한다'라는 시각이 상존했다.

평촌 가는 지하철 차창 밖이 뿌옇게 보인다. 한강에 피어오르는 보일 듯 말 듯 한 안개 속에 갇힌 것 같았다.

이때 당시 혈액 사업을 관리하는 부서에서 근무하던 '코로나 영웅' 정은경(전 질병관리청장)을 만났다. 정은경 과장은 똑 부러지면서도 따뜻한 면을 가진 분으로 나는 "나중에 과장님은 크게 되실 거야!"라며 장담하곤 했다. 만날 때마다 항상 웃는 얼굴로 대해 주었고 합리적인 사고로 논의에 임했다.

이런 분위기가 "어떻게 하면 안전한 혈액을 국민에게 공급할 수 있을 것인가?"라는 적십자와 복지부의 대명제를 발전적으로 풀어 가는 계기가 되지 않았나 생각된다.

원가에 의한 혈액 수가 도입, 핵산증폭검사(NAT) 센터 건립, 혈액정보관리시스템(BIMS) 고도화 등 혈액안전관리개선종합대책을 착실히 이행했다. 이런 결과 덕분인지 2007년 어느 순간 국립혈액원 전환 계획은 자취를 감추게 되었다.

이후 저출산 고령화라는 추세에도 적십자는 혈액 사고의 오명을 벗고 헌혈의 집 등의 확대를 통해 3백만 헌혈자 시대를 열고 있다.

'코로나'라는 큰 파도를 넘다
하지만 2020년부터 3년 동안 코로나로 혹독한 시련을 겪었다. 20~30만 명의 헌혈자가 줄어드는 큰 어려움이 있었지만 슬기롭게 대처했다. 이 과정에서 정부(중대본)의 역할은 컸다.

국가 및 지방자치단체, 공공기관 헌혈 독려와 대국민 재난 안전 문자를 보내는 것은 정부만이 할 수 있는 권한으로 크게 도움을 주었다. 그러나 위기 시 국가기관이 아닌 적십자의 한계를 보여 주기도 했다.

아무튼 정부는 코로나 시기에 혈액 수급 위기 극복을 위한 적십자의 역할 수행을 높게 평가하지 않았을까 생각된다.

사실 운영 주체보다는 국가적 지원이 더 중요하다. 여전히 저출산으로 혈액은 부족하기에 앞으로도 정부와 지방자치단체의 지원이 더 필요할 것이다.

시설 노후는 아직도 진행 중

전국의 몇몇 혈액원은 30~40년이 된 노후화된 시설이다. 그 이유의 하나는 혈액원 시설 개선을 위한 예산이 막대하고 환자가 부담하는 혈액 수가에 반영되어 있지 않기 때문이다. 국가가 예산을 직접 지원하지 않은 한 시설 개선은 요원할 수밖에 없다.

2003년 혈액 사고 당시 핵산증폭검사 장비를 좀 더 빨리 도입했다면 하는 아쉬움이 있었다. 노후화된 시설 개선을 위해 정부와 국회의 적극적인 지원이 필요하다.

"소 잃고 외양간 고친다"라는 속담처럼 과거의 아쉬움을 되풀이하지 않았으면 좋겠다.

코로나19와 헌혈

"헌혈로는 코로나19에 감염되지 않습니다. 철저하게 방역하고 일회용 물품만 사용하니 안전하게 헌혈할 수 있습니다." "혈액 부족은 코로나보다 더 우리 생명을 위협할 수가 있습니다." 코로나19가 유행하는 내내 단골 멘트였다. 하지만 무색하게도 헌혈 참여는 급감했다.

코로나19 발생 1,000일이 지나고 있고 2천5백만 명 이상이 감염되었다고 한다. 헌혈도 3년 가까이 수십만 명이 줄었다. 어떻게 지나왔는지? "피가 마른다." 코로나19 당시를 생각하면 경남혈액원에 근무했던 아찔한 상황들이 주마등처럼 지나간다.

단체 헌혈 취소, 또 취소

여기저기 전화벨 소리가 울린다. 예정된 헌혈을 취소하겠단다. 그나마 코로나 확진자가 발생했다면 어쩔 수 없지만, 헌혈로 코로나에 걸릴 수 있다는 불안감 때문에 취소가 이어지고 있었다. 중대본에서 국가 및 지방자치단체, 군부대, 공공기관에 헌혈 독려 공문을 보내 주고 있지만 속수무책이다.

이러니 기업은 더 말할 것이 없다. ○○ 조선 중공업 관계자 말이다. "회사 문 닫으면 책임질 겁니까? 코로나 발생으로 공장을 가동 못 하면 수억 원의 손실이 발생할 것인데, 책임질 겁니까?" "거~ 참, 그래도 위급한 환자를 생각해서라도…"라고 하지만 더 이상 요구할 수 없었다.

이제 우리는 어디로 가야 하나?

아파트 헌혈

궁여지책으로 가두에 헌혈 버스를 대기로 했다. 그런데 사람이 다니지 않았다. 종일 한두 명만이 헌혈에 참여했다. 막막했다. 기업이나 단체에 못 가니 사람이 있는 곳이 어딜까?

"아파트 부근으로 가자!" 이렇게 혈액원 개설 이래 처음으로 아파트 헌혈이 이루어졌다.

그러나 이게 해결책이 될 수 없었다.

단체 헌혈이 어렵다면 개별적으로 참여할 수 있는 헌혈의 집으로 헌혈 참여를 독려해야 했다. 혈액이 부족하다고 보도가 되었지만 좀처럼 헌혈자는 늘어나지 않았다.

SNS 힘을 빌리자

헌혈 이벤트 안내는 한 번이라도 헌혈하고 등록한 헌혈자에게만 보내고 있었다. 더 많은 사람이 알 수 있어야 하지 않을까? 혈액원 공식 페이스북으로도 한계가 있고 페이스북 커뮤니티를 찾아보자고 했다.

간절했는지 눈에 보였다.

'창원 사람 오이소'라는 커뮤니티에는 가입자 9만여 명이나 되었다. 헌혈 이벤트를 공지해 보니 단숨에 1만여 명 조회라는 결과가 나왔다. "와!" 하고 탄성이 절로 나왔다.

이뿐만이 아니다. 거제시 보건소에서는 SNS를 적극적으로 활용했다. 일 년에 한두 번 헌혈했는데, 코로나 발생 이후 거의 한 달에 한 번꼴로 헌혈을 한 것이다.

2020년 전국적으로 헌혈자가 20만 명 이상 줄었는데 경남혈액원의 경우 헌혈자가 거의 줄지 않았다. 오히려 헌혈의 집에서는 만 명이 늘었다. 이게 전부는 아니지만, 홍보의 힘은 컸다고 생각한다. 연말에 국회 보건복지위원회 의원들이 방문했는데 칭찬과 격려를 받았다.

재난 안전 문자

코로나19 헌혈 위기를 이겨 내는 데 빠질 수 없는 방법이 있다. 재난 안전 문자의 위력은 그야말로 폭발적이었다. 헌혈 재난 안전 문자가 나가자 헌혈 현장은 문전성시를 이루었다. 하지만 이것도 근본적인 해결책은 아니었다. 혈액은 보관 기간이 있기 때문에 일시적으로 헌혈자가 많아도 좋지만은 않다. 그래도 가뭄에 단비처럼 위기 때마다 톡톡히 역할을 해 주는 것은 고마운 일이다. 그리고 전 국민을 대상자로 했기에 신규 헌혈자와 중장년층의 헌혈 증가에 일조한 것으로 보인다.

지정 헌혈

코로나 위기를 극복하는 과정에서 우리 국민은 헌혈의 중요성을 다시금 실감했을 것이다. 지정 헌혈이 코로나 이전보다 7배나 늘었다고 한다. 혈액이 없어 지인들에게 지정 헌혈을 요청하느라 여기저기 부탁을 했을 것이다. 이 과정에서 환자 가족들은 수술이 지연되고 피를 구하기 위해 상당한 고통을 겪었을 것이다. 비용도 지불했을 수 있다. 이런 구조가 굳어져서는 안 될 것이다. 다시금 매혈과 같은 비슷한 상황이 고개를 들어서는 안 된다.

생명 나눔 교육

코로나19가 아니라도 저출산 고령화는 헌혈 인구의 감소를 가속화하고 있다.

우리나라 헌혈률은 6%, 연간 270만 명 정도다. 두 번 이상, 한 사람을 제외하면 순수 참여자는 100만 명 내외다.

학생이나 군인일 때는 20~30%가 헌혈에 참여한다. 이 참여율이 이어져야 하는데 안타깝게도 그렇지 못한 게 현실이다. 지금과 같은 일회적인 헌혈자 이벤트와 홍보, 봉사 시간, 표창 등 헌혈자에 대한 제한된 예우와 보상으로는 한계가 있다.

근본적으로 헌혈에 대한 인식의 변화가 필요하다. 그 방안의 하나로 유치원, 초중고 교과과정에 생명 나눔 교육을 편입시켜 어렸을 적부터 생명과 나눔에 대해 소중함을 알게 해 주어야 한다. 정말로 생명 나눔 교육과정 편입은 물질적 혜택과 보상보다 자발적인 헌혈 참여 문화 확산을 위해 절실하다.

"호소보다는 교육으로."

더블 사랑

헌혈이 급감하고 있다.
어떤 헌혈 기념품을 선정하면 좋을까?
모두가 순수 헌혈을 이야기하지만, 선행에 대한 답례라 해도 좋다.
이미용 세트, 편의점 상품권, 문화상품권, 여행용 세트 등등 정말 다양하다.
코로나19 기간을 빼곤 단연코 영화 상품권이 인기가 많았다.
아마도 천만 관객 시대를 여는 데 일조하지 않았을까?

헌혈 기념품이 헌혈에 미치는 영향은 크다.
1+1 이벤트까지.
그래도 기념품을 받기보다는 순수하게 헌혈을 원하는 사람들이 있다. 수년 전 이를 반영하듯 헌혈 기부권이 탄생한다.

기부권

누구나 선물을 받으면 기쁘다. 선물을 주면 더 기쁘다.
이 두 가지를 동시에 할 수 있는 일이 무엇일까? 바로 헌혈 기부권이다. 헌혈 후 받는 기념품 대신 기부하는 것이다.
연말정산 시 소득공제 혜택을 받으며 동시에 기부권은 어려운 처지의 주로 의료 사각지대 사람들에게 사용된다.

선물

헌혈 기부권은 선물과 같다.

영화나 쿠폰 등도 좋지만 기부권을 선택하면 헌혈로 생명도 구하고 기부로 남을 돕는 두 배의 사랑을 실천할 수 있다.

이미 헌혈자 10명 중 1명 정도가 선택하는데 매년 10억여 원을 지원하여 또 다른 사람들에게 희망과 용기를 주고 있다고 한다.

더블 사랑

헌혈은 생명을 이어 주는 것이다. 나와 가족, 우리의 생명을 보호하고 여기에 더하여 남을 돕는 사랑을 확산시키는 일이다. 어른들도 기념품에 혹하는데 대견스럽게도 요즈음 고등학생들이 헌혈 기부권을 많이 선택한다고 한다.

헌혈 기부권은 또 한 번 기부할 수 있는 이중 사랑이다.

최근 모 고등학교 학생들이 헌혈하고 헌혈증 300매를 모았다. 모 기업이 헌혈증 1장당 10,000원꼴로 해서 3천만 원과 헌혈증 300장을 혈우병 환우들을 위해 기부했다. 이런 더블 사랑이 많아졌으면 한다.

인정과 보상

7~80년대에 헌혈하신 분들의 단골 같은 멘트다. "왜, 헌혈하면 빵이나 과자, 음료수나 우유를 줬지", 간혹 "돈도 받았지" 하는 분들도 있다.

세월이 흐르고 헌혈 독려를 위해 다양한 기념품과 이벤트를 하고 있지만 갈수록 어렵다. 물질적 혜택의 확대는 자칫 매혈을 부추길 수 있기 때문이다. 헌혈 기부권과 함께 인정과 보상, 보람을 더 느끼게 하는 방법이 무엇이 있을까? 그러던 중 600회 헌혈한 사람의 기사를 읽으면서 이런 분에게 대통령 표창을 주면 어떨까? 하는 생각이 문득 들었다.

인정과 보상에 있어 표창은 하나의 좋은 방법이 될 수 있다. 600회 박기식 헌혈자는 헌혈은 "건강한 사람이 할 수 있는 나눔의 특권이다"라고 말했다. 어떤 분은 "60 후반부터 헌혈을 본격적으로 시작했는데 2년 만에 36회를 했고 올해 50회가 목표다"라고 한다.

매월 13일은?

어느 분은 "혈액은 공기와 같다"라며, "우리는 살면서 공기의 소중함을 모른다. 3분만 숨을 못 쉬어도 생명을 잃을 수 있는데 말이다. 혈액도 똑같다. 수술할 때 혈액이 없으면 큰일 난다"라고 말했다.

매월 13일은 헌혈의 날이다. 헌혈을 뜻하는 Blood의 첫 글자인 B가 숫자 1과 3을 붙인 모양 같아서 매월 13일을 헌혈의 날로 지정하였다고 한다. 13일이 아니어도 좋다. 헌혈 기부권을 선택하지 않아도 괜찮다.

2주에 한 번, 두 달에 한 번씩 헌혈도 하고 생명도 살리고 기부도 하면서 더 좋은 선물 같은 하루를 보내면 기쁘지 아니하겠는가?

더 이상 '피가 마른다'라는 기사가 나오지 않도록,
"날 위해 당신을 돕는다"라는 마음으로 헌혈합시다!

4분의 기적

비가 억수로 내렸다. 우르릉~ 쾅, 천둥소리와 함께 번개가 내리쳤다. 1993년 8월 중순 RCY 전국 캠프 준비를 위해 우리 대학생 지도자들은 수련장에 하루 먼저 도착했다.

숨을 쉬지 않는다

힘든 하루였다. 비가 와서 더 그런지 힘겨워했다. 일찍 잠자리에 들었다.

얼마나 지났을까?

"숨을 쉬지 않아요!" 한 학생이 소리쳤다.

곧바로 또 다른 학생이 심폐소생술을 펼쳤다.

심장을 누르고 또 누르고…. 열 번 정도였을까?

"아~ 휴." 호흡이 돌아왔다. "살았다." 십년감수라는 말이 절로 나왔다.

옆에 자는 학생에게 잘 살피라고 하면서 돌아선 순간, 다시 심정지가 일어났다. 이대로는 안 되겠다 싶어 억수로 내린 비를 뚫고 병원으로 향했다.

4분의 기적

우리가 심폐소생술을 배웠기에 한 생명을 살릴 수가 있었다.

빠른 시간 안에 응급처치를 하는 것은 중요하다. 응급처치가 늦어져 회복 불능 상태가 되어 버린 유명한 야구선수의 안타까운 사례는 골든타임의 중요성을 여실히 보여 주었다.

"조금만 빨랐으면."

이 글을 쓰고 있는데, 이태원 압사 참사가 보도되고 있다. 핼러윈 행사 인파에 깔린 사람들은 대다수가 심정지 상태.

안타깝게도 다수의 부상자에게 심폐소생술을 하는 보기 드문 장면이 연출되었다. 현장에 참여한 한 시민은 "심폐소생술을 배운 사람들이 더 많았으면 더 구할 수 있었을 텐데" 하는 아쉬움을 토로했다.

영웅이 영웅 되다

우리가 잘 아는 가수 임영웅은 교통사고로 쓰러진 운전자에게 심폐소생술을 하여 이름처럼 영웅이 되었다. 유명인이 아니어도 심심치 않게 고등학생, 버스 기사, 아주머니가 쓰러진 사람들을 살렸다는 기사를 접한다. 그들 역시 생명을 구한 영웅들이다.

심폐소생술을 배우는 곳

올해 50회가 되는 응급처치 경연대회가 있는 날, 가을 햇볕이 유난히 좋다.

대회장인 체육관 앞에는 체험 부스가 있고 학생들이 삼삼오오 모여 생존 팔찌를 만들고 헌혈 퀴즈 등 임무를 수행하면 선물을 주고 있었다.

누군가의 생명을 살리는 응급처치의 시초는 1859년 전쟁터에서 부상자를 처치하는 데서 시작되었다. 이후 적십자는 인도주의 활동의 하나로 심폐소생술을 보급하고 있다. 올해 국제적십자사연맹은 세계 응급처치의 날의 주제를 '생애주기 응급처치'로 정했다. 특정한 사람만이 아니라 모든 사람이 응급처치를 배워야 한다는 의미다.

응급처치 교육은 법정 교육이 아니다. 현장 체험 교사, 어린이 이용시설 종사자들에게만 일부 적용하고 있다.
갈수록 늘어나고 있는 사고에 대응하여 모든 직장이 교육받을 수 있도록 법적으로 의무화되어야 한다.

세 가지 법칙
우리는 살면서 매 순간 각종 사고를 접한다.
자신은 물론 가족, 이웃에 이르기까지 화재, 교통, 질병 등의 위험에 늘 노출되어 있기 때문이다.
그래서 누구나 응급처치를 배워야 한다.
이 세 가지를 알면 위급한 상황에 놓인 사람의 생명을 구할 수 있다.

"깨워라."(의식 확인)
"알려라."(119 연락)
"눌러라."(심폐소생술)

이것만 잘해도 시간을 벌 수 있다.

오늘 응급처치 경연대회를 마치면서 참가자들에게 다시 한번 당부했다.

"여러분도 잘 배우고 익혀서 위급한 생명을 살릴 수 있는 사람이 되길 바랍니다."

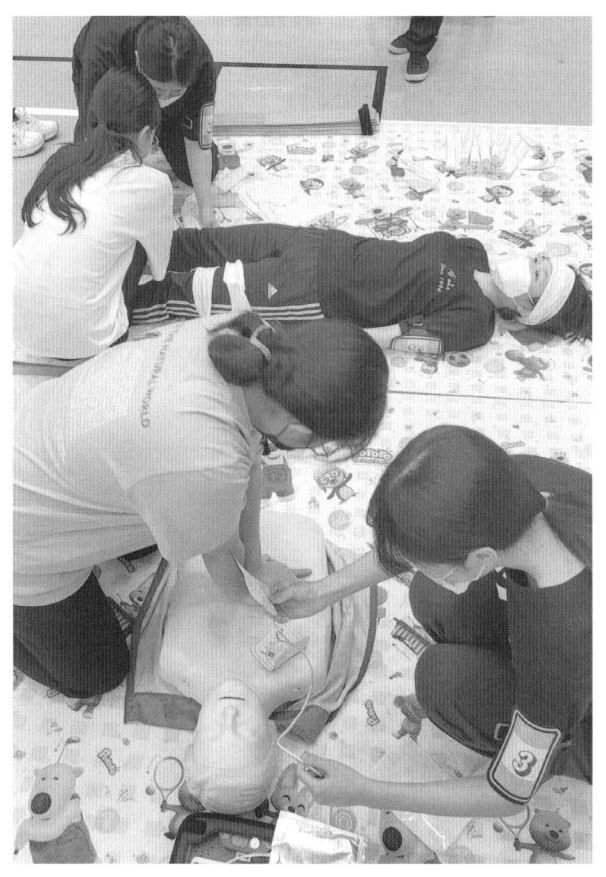

상무대와 나눔 확산

"겨레의 늠름한 아들로 태어나 조국을 지키는 보람찬 길에서~ 우리는 젊음을 함께 사르며 깨끗이 피고 질 무궁화꽃이다."

군대 생활을 해 본 사람은 군가의 한 대목이 귓가에 들리면 저절로 따라 부르며 군 생활을 떠올리지 않을까?
이처럼 군 생활이 우리 삶에 미치는 영향력은 크다.

군 생활을 하면서 보람 있었던 일 중의 하나는 헌혈과 재난 시 대민봉사가 아닐까?
우리 군은 국민의 생명과 재산을 보호하는 일에는 그 누구보다도 앞장선다.
나는 혈액원에 근무하면서 많은 군 지휘관을 만날 수 있었다. 어려울 때마다 그들은 생명을 살리는 헌혈에 적극적으로 동참해 주었다. 그 고마움에서인지 나는 "야! 이분들이 국민의 생명을 지키는 진정한 애국자다"라는 생각을 하곤 했다.

 # 적십자와 군은 특별한 관계다
군은 평시에 헌혈과 국군회비로, 전시에 적십자는 혈액 공급과 전

사상자를 구호한다.

군인이 정복을 입으면 왼쪽 가슴에 약장을 다는데, 거기에 적십자 국군회원 기장이 있다. 적십자회원으로서 회비를 내고 국제인도법을 준수한다는 의미에서 이 기장을 가슴에 단다. 이렇게 군과 적십자는 혈맹이다.

전남 장성에 있는 상무대는 우리나라 육군 간부 양성의 요람이다. 이곳은 장차 부대 지휘관과 전역 후 리더가 될 초급간부 대다수가 거쳐 가는 관문이다.

나는 1999년부터 3년간 주야를 불문하고 매일같이 상무대를 드나들었다. 상무대 헌혈은 교육이 끝나고 야간에 이루어졌다. 힘든 훈련 후임에도 많은 교육생이 참여했다. 심지어 말라리아 지역에서 온 고군반 장교들에게는 야간에 혈장 헌혈을 시키기도 했다. 체육관은 불야성을 이루었고 늦은 시간 칠흑 같은 어둠 속에 간간이 빛나는 밤별들을 보면서 복귀하던 그 시절이 있었다.

왜 그 늦은 밤까지 열성이었을까?
물론 혈액이 필요하기도 했지만, 초군, 고군 장교와 부사관들의 헌혈 참여는 교육 후 전입 한 부대 장병의 헌혈로 이어지고, 전역 후 각급 단체 리더로 성장하면서 선한 영향력이 될 것이라는 믿음이 굳게 자리 잡았다.
이들이 헌혈과 같은 나눔에 어느 정도 참여하느냐에 따라 우리 사회 나눔 문화에 미치는 영향이 클 것으로 생각했다.

상무대 헌혈 나눔이 기부 나눔으로 이어지다

이 믿음은 나눔 교육으로 이어졌다. 필자는 2009년 회원홍보팀장으로 상무대를 다시 찾게 됐다.

돌이켜 보건대 처음엔 나는 특강으로 '적십자 인도주의와 제네바 협약' 교육과 나눔을 소개하며 정기 후원 회원을 모집했다. 이 교육은 야간에 이루어졌고 종일 훈련에 지친 교육생을 상대하기는 힘들고 벅찼다. 여기에 전시 포로에 대한 대우 등 제네바 협약에 대한 교육이 전투력을 약화할 수 있다는 모 학교장의 인식은 설상가상이었다.

이대로는 안 되겠다 싶어 교육 내용에서 협약 내용을 빼고 나눔을 중심으로 수정했다. 교육 시간도 중식 시간 일부를 할애받았다.

이런 과정에서 육군기계화학교 변병수 상사와 육군보병학교 모 교육단장과 만남은 큰 힘이 되었다.

헌혈과 다르게 기부는 금전과 관련되어 적극적인 모집이 어려울 수 있다고 생각했다. 하지만 당시 교육단장님은 대한적십자사의 공신력을 믿어 주셨고 오히려 어려운 이웃에 대한 기부는 초급간부가 갖추어야 할 덕목이라고 강조하였다. 여기에 당시 교관이었던 군대 동기생인 소 영민 중령(특전사 사령관, 중장 예편)이 힘을 보탰다. 그는 주요 지휘관을 역임하며 헌혈 마일리지 도입 등 헌혈 활성화에도 크게 이바지했다.

이들 덕분에 순조롭게 나눔 교육은 진행됐고 많은 장병이 기부에 참여했다.

10여 년이 지났지만 지금도 헌혈과 함께 상무대 교육생의 기부행렬은 이어지고 있다.

 # 상무대는 나눔 확산의 전초 기지다

저출산으로 인구수가 줄고 헌혈 참여는 감소하고 있다. 군부대도 마찬가지다.

그래서 제안한다면 이제 상무대도 지금처럼 야간이 아닌 주간 교육과정에 교육생들이 헌혈할 수 있도록 보장하는 것이다. 참여도가 눈에 띄게 높아질 것이다.

나눔 교육도 마찬가지가 아닐까? 지금처럼 중식 시간 일부가 아니라 정규교육 시간에 실시하는 것이다. 그래서 많은 교육생이 흰 바탕에 빨간 십자 마크 모양의 국군회원 기장을 자랑스럽게 가슴에 많이 달았으면 좋겠다.

어느 라디오 인터뷰에서 "적십자에서 근무하면서 가장 보람 있는 일이 무엇인가?"라고 물은 적이 있는데, 나는 "상무대 간부 교육생들에게 헌혈과 기부를 할 수 있도록 한 것이다"라고 답했다.

이렇게 답한 것은 상무대의 나눔이 우리 사회 나눔 문화 확산에 크게 이바지하고 있다고 믿기 때문이다.

"보람찬 하루 일을 끝마치고서 두 다리 쭈욱 펴면 고향의 안방~" 이란 군가가 입 안에 맴돈다.

한 술을 더시면

11월이 되면 아침저녁으로 쌀쌀한 기운이 돈다. 구름 사이로 해가 나오면 반갑다.

따뜻한 양지가 생각나는 계절이 성큼 다가온다.

올해는 고물가와 오른 난방비가 더 걱정이다. 그래서인지 볕을 쬐고 있는 길가의 어르신들이 더 추워 보인다.

 # 무명의 기부

그는 오토바이를 타고 두 달에 한 번꼴로 나타났다. 헬멧을 쓴 채로 사무실에 들어오면서 꼬깃꼬깃한 천 원짜리, 동전 등을 건네며 하는 말이다.

"나보다 어려운 사람을 위해 써 주세요."

이 돈은 의수인 손으로 고물과 폐지를 주워 팔아서만 만든 것이다.

고마움에 "차 한잔하시죠" 하면 "괜찮습니다" 하며 오히려 주머니에서 사탕 몇 개를 꺼내 주면서 미소 짓는다.

기부 처리를 위해서 이름이라도 물으면 정색을 한다. 그는 이렇게 7년 동안 120여만 원을 이름 없이 기부했다.

자기도 어려운데 더 힘든 분들을 생각하는 마음을 가진다는 게 쉽지 않은 일인데, 그의 뒤 모습이 정말 크게 보였다.

청연서

영화 〈봉오동 전투〉는 만주에서 일제를 무력으로 제압하는 독립투사의 활약을 그렸다. 통쾌했다.

하지만 일제는 그 앙갚음으로 마적대 토벌을 빌미로 우리 민족을 학살한다. 간도참변으로 우리 동포들은 아사지경에 이른다. 이때 임시정부하에서 적십자는 구제 활동을 펼친다.

이를 호소하는 대한적십자회 청연서의 내용 한 대목이 눈길을 끌었다.

"여러분께서 조석에 한 술을 더시면 한 사람 동포의 생명을 구할 것이요, 두 술을 더시면 두 사람 동포의 생명을 구할 것이외다" 하며 백만 조난 동포의 구제를 호소했다.

이런 영향이었을까?

10여 년 전까지만 해도 회비 모금이 시작되면 국무총리 담화문이 게재되었다. 최근에는 시도지사 전국협의회 이름으로 호소문을 내기도 했다.

십시일반의 기적

이렇게 시작된 모금 운동은 국내외로 퍼져 나갔으며 일제강점기 독립운동 자금으로도 사용되기도 했다고 한다. 적십자회비는 6.25 전쟁 시 피란민 구제 활동, 삼풍백화점과 성수대교 붕괴, 세월호 참사와 같은 크고 작은 재난 시 이재민 구호 활동과 전후 가난한 나라의 빈민들을 위한 구제 활동을 하는 데 소중하게 사용되었다.

근·현대사의 힘든 시기에 소중한 적십자회비는 온 국민의 참여를 이끌어 십시일반의 기적을 만들었고 국민에게 큰 용기와 희망이 되었다.

명암

이렇게 적십자회비는 어렵고 힘든 이웃에게 희망을 주었지만 갈수록 모금은 쉽지 않았다.

2000년 이전에는 이 통장들로 직접 모금했고, 이후 투명성이 문제가 되자 지로용지 모금으로 전환되었다. 하지만 세금 납부 형태의 지로용지로 오명을 입는다. 이후 법률에 의거 행정안전부로부터 주소, 이름의 개인정보를 받아 보냈지만 젊은 층의 민원은 커지고 심지어 일부 지자체 공무원노조는 지로용지 배부를 거부했다. 이제는 세대주에게 지로용지를 보낼 수 없는 지경에 이르렀다.

"왜 이렇게 되었을까?"
"모금 방식이 시대를 따라가지 못한 것은 아닐까?"

2000년 이후에는 모금과 봉사단체가 비약적으로 성장했다. 해외 아동 빈곤을 주제로 TV 광고를 통한 정기후원 ARS 모금 방식을 썼다.

그런데 적십자는 일편단심 국내 취약계층을 위한 모금에 지로용지 배부를 고집하지 않았나 싶다.

이 위기와 도전에서 벗어날 수 있을까?

인도주의 상징

적십자는 국민과 함께 동고동락한 역사가 있고 세계가 인정하는 적십자 표장(엠블럼)을 사용할 수 있는 유일무이한 국제 구호 단체이다.

여러 사람은 우크라이나 전쟁이나 아프가니스탄 무력 충돌 가운데서도 적십자 깃발이 휘날리는 것을 보았을 것이다.

바로 적십자는 인도주의의 상징이며 선봉이기 때문이다.

바로미터

2003년 한 고위 인사는 인사청문회에서 단 한 차례 적십자회비를 내지 않았다고 해서 곤욕을 치렀다. 지금도 장관 이상 입후보자는 적십자회비 납부 여부나 헌혈 기록을 검증하고 있다.

왜, 그럴까?

한 나라의 지도자로서도 덕목을 보여 주는 가장 기본적인 바로미터이기 때문이 아닐까?

매번 청문회에서 투기, 자녀 위장전입 입학, 봉사 시간 허위 기재, 논문 표절을 논하기보다는 "얼마나 나눔을 실천했는지?"를 살펴보면서 미담이 넘치는 자리가 되었으면 좋겠다.

더 많은 관심과 사랑을

역사는 면면히 흐른다. 21세기 들어 재난은 기후 변화와 대형 사고로 끊이지 않고 있다. 이런 의미에서 인간의 생명을 살리는 인도주의

운동체로서 적십자의 역할은 더 중요해지고 있다.

  이를 수행하기 위해서 적십자회비 모금은 더 많은 국민의 관심과 사랑을 받아야 한다.

  일제강점기나 한국전쟁 등 그 어려운 시절에도 동포를 향한 인류애는 사라지지 않았다.

  청연서에 쓰인 글을 다시 읽어 보자.

  "조석에 한 술을 더시면 한 생명을 살릴 것이요,
두 술을 더시면 두 생명을 살릴 것이외다."

  비장함이 묻어난다.
  과연 "여러분은 어떤 마음이 드시는가?"

휴머니타리안

인도주의는 인간다움을 존중하는 관념, 사상, 태도를 뜻하는 말로 영어로는 휴머니즘(humanism)이라고 한다. 적십자에서는 인도주의를 휴머니타리안(humanitarian)이라고 한다. '휴머니타리안'은 인도주의를 관념이 아니라 이를 실천하고 행동하는 것이라고 정의한다. 구체적으로 인간의 생명과 건강을 보호하고 인간의 존엄성을 보장하는 데 있다.

이와 같은 휴머니타리안을 실천하는 방법으로 나눔을 제시한다. 고로 휴머니타리안을 나눔이라고도 표현할 수 있겠다.

인도주의=휴머니타리안=나눔

나는 적십자를 통해 직·간접적으로 휴머니타리안을 실천하신 많은 분을 만날 수 있었다.

an idea__앙리 뒤낭

먼저 휴머니타리안을 있게 한 뒤낭이다. 뒤낭은 전쟁터에서 부상자를 차별 없이 도우려는 마음으로 발현된 인간애인 인도주의를 《솔페리노 회상》이란 책을 통해 세상에 알린다. 이를 계기로 인류가 인도주의를 실천할 수 있도록 적십자 운동체를 만들게 된다. 그는 사업가의 삶을 뒤로하고 평생을 휴머니타리안을 위해 헌신한다. 그 공로로 제1회 노벨평화상을 수상한다. 그의 생각 중 하나인 an idea 인도주의가 세상의 등불이 된다.

일제강점기 독립운동_안정근

1905년 대한적십자사회는 고종황제 칙령 제47호로 만들어진다. 하지만 한일 강제 병합으로 사라지고 임시정부하에서 내무부 도산 안창호의 설립인가로 다시 조직된다. 초대 회장 이희영, 명예총재 서재필, 이사 여운형 등등 우리가 알 만한 독립운동가들이 대거 참여했다. 이 과정에서 안중근 의사의 동생인 안정근은 손정도 회장과 함께 부회장으로 적십자 간호원 양성, 간도참변 구제 활동 등 실질적인 업무를 총괄했다고 한다. 실로 임시정부하에서 대한적십자사회는 국내외 동포와 외국인들에게 우리 동포의 어려움을 호소했고 독립운동을 지원한 것이다. 바로 앙리 뒤낭이 전쟁터에서 인도주의를 외친 것처럼 안정근을 비롯한 독립운동가들은 독립을 위한 휴머니타리안을 실천한 것이다.

봉사로 퇴임_장석준

서울 노원구 달동네, 가파른 골목길을 오른다. 숨이 턱 밑까지 찬다. 헉~ 헉, 소리가 절로 나온다. 두 손에는 밑반찬 도시락 가방이 들려 있다. "안녕하십니까? 적십자에서 나왔습니다." 방에선 대꾸가 없다. 문을 열자 아무도 없고 방 한쪽에는 폐지가 수북하다. 방 안 공기도 싸늘하다. 밖에서 인기척이 느껴져 뒤돌아보니 방 주인 할머니가 들어오신다.

반갑게 인사하며 할머니의 거친 손을 붙잡고 "맛있게 잘 드세요" 하며 인사를 건넨다.

할머니는 연신 "고맙다"라고 하며 눈시울을 붉힌다. 그도 눈가가 붉어진다.

그는 바로 2007년 12월 퇴임식을 하지 않고 적십자 활동을 봉사 현장에서 마무리한 장석준 대한적십자사 사무총장이다. 그때 필자가 그를 수행했다. 그는 기획재정부 예산실장, 국민연금공단 이사장까지 지낸 분으로 재임 동안 직원들 사이에 '장 대리'라고 불릴 만큼 깐깐했다. 정통 관료로 의전을 중요시하는 그런 분이 퇴임식을 마다하고 달동네 밑반찬 배달 봉사를 자처한 것이다.

그는 이런 행보를 통해 1966년 서울대 재학시절대학 RCY 창립회원으로서 배웠던 휴머니타리안을 마지막까지 직접 실천하고 귀감이 되고 싶었던 것은 아니었을까?

1만 명 후원회원 모집_김필식

"저는 재임 기간 적십자 후원회원 1만 명을 모집하겠습니다." 적십자사 최초의 여성 지사 회장으로 김필식 광주 전남지사 회장의 취임식 일성이었다. 그녀는 동신대학교 이사장이었고 이후 총장이 되었다. 김황식 전 국무총리 누나로도 유명세를 치르기도 했다.

'과연 3년 동안 1만 명을 모집할 수 있을까?'
누구는 터무니없는 목표치라고도 했다.

당시 나는 회원홍보팀장으로 후원회원 모집은 주된 업무였다. 나에게는 엄청나게 부담이 될 수밖에 없었다. 그런데 나는 부담이 되기보다는 천군만마를 얻은 것 같았다. 실은 내 목표이기도 했기 때문이다.

김필식 회장은 부드러운 카리스마로 차근차근 일을 성사하게 시켜 나갔다. 회장의 주선으로 많은 분을 만났고 매일같이 회장과 함께 뛰었다.
그 결과 3년도 채 안 돼서 1만 5천여 명을 모집했다.

이것은 도저히 불가능하게 보였던 일을 가능하게 한 그녀의 불굴의 의지와 휴머니타리안의 힘이 만들어 낸 기적이 아닐까?

몽당연필__최상준

건물은 오래됐고 내부는 리모델링을 조금 한 정도다. 사무실 벽에는 각종 훈포장으로 가득하다. 낡은 소파는 족히 30년은 된 것 같고 책상과 의자도 마찬가지다. 사무실 주인공의 검소함을 대변하는 듯 책상 위에 몽당연필이 눈에 띄었다.

놀랍게도 이 몽땅 연필의 주인공은 코스닥 상장기업인 남화토건 대표이사 최상준 회장이다.

이런 검소함에도 최상준 회장은 적십자사 지사 회장으로 매월 5백만 원을 6년 동안 기부했다. 재미있는 것은 이 후원회비 때문에 지사 회장을 연임하면서 사모님이 알까 싶어 노심초사하셨다.

"생활비가 부족하다고 연임은 안 된다고 했어. 집사람이 알면 안 되네." 80세 노인이 웃으며 너스레를 떨었다.

자신과 가족에게는 엄격한 그는 통이 큰 기부자였다. 그것도 사업체가 아닌 개인 재산으로 기부했다. 당시 적십자를 비롯하여 석봉장학금, 시 교육청 결식아동 후원금, 도서관과 미술관 건립 희사 등 130여억 원을 사회에 환원한 것으로 알고 있다. 순수한 개인기부로는 우리나라에서 최고가 아닌가 생각된다.

많은 사업가가 사회공헌 활동을 한다.
이들이 본받아야 할 휴머니타리안을 실천하신 분은 누구일까? 생각하면, 그가 떠오르는 사람들의 한 분이 되길 바란다.

따듯한 커피 한잔_오홍식

기부자와 봉사자가 오고 간다. 그의 사무실은 늘 열려 있다. 커피향기가 진하다. 원두 분쇄기는 1905년 미국산인데 공교롭게도 대한적십자사 창립 연도와 같다.

"기부자나 봉사자에게 고마운 마음을 담아 드립니다"라고 말하며 손수 내린 커피 한잔을 정성스레 건네시는 분은 제주지사 오홍식 회장이다.

그는 모든 봉사활동에 격려를 넘어 직접 참여하셨고 솔선수범했다. 되돌아보니 나는 제주지사 사무처장으로 근무하면서 오홍식 회장과 함께 많은 일을 시도했다.

법인 레드크로스아너스클럽(Red Cross Honours Club) 도입, 제주지사 최초 해외 봉사활동, 예멘 난민의 인도적 지원, 제주 70년사 발간 등인데 이후 그가 6년간 재임하면서 발로 뛰는 행보로 제주지사가 3년 연속 전국 성과 평가 1위를 달성하는 쾌거를 이루었다.

이제 제주지사를 방문하면 그는 없지만 손수 내려 주던 따뜻한 커피 한잔의 휴머니타리안을 떠올리게 될 것이다.

통 큰 기부_박흥석

통 큰 기부를 실천하고 계시는 또 한 분은 럭키산업(주) 박흥석 회장이다. 그는 일찍이 기업가로서 대통령직 인수위원회 경제분과위원, 광주상공회의소 회장, KBC 광주방송 사장, 전남사회복지공동모금회 회장 등을 거쳤다.

코로나19와 구례 풍수해 극복을 위해 대한적십자사 광주·전남 지사 회장으로서 수십억 원의 기부금품을 유치하는 활약을 보여 주었다.

그는 비바람이 불거나 하면 골프 운동을 하다가도 멈춘다며 "재난이 발생할 때마다 어려운 처지인 사람들을 돕는 봉사원의 노고에 감사하다"라고 늘 말씀하셨다.

적십자 레드크로스아너스클럽(Red Cross Honours Club) 부자(아버지와 아들) 가입, 보기 드물게 이임식에서 2억 원 쾌척과 퇴임

후에도 광주고려인 마을, 5.18 어머니회, 장학금 지원 등으로 2억 3천여만 원을 적십자사에 기부했다.

이처럼 적십자에 대한 애정이 각별한 그의 휴머니타리안으로서 통 큰 기부는 계속되지 않을까?

키다리 아저씨_허 정

광주에서 산부인과 하면 많은 사람이 에덴병원을 이야기한다. 제왕절개보다는 자연분만을 잘하는 병원의 수장이 바로 흰 가운이 잘 어울리는 허장 원장이다.

5.18 당시 전남대학교병원 레지던트로 부상자를 처치하기도 했던 그는 산부인과 병원을 운영하면서 가난한 아이들에게 꾸준히 장학금을 지원하고 전남 사회복지공동모금회 회장, 대한적십자사 광주전남지사 회장 등의 활동으로 최근에는 국민포장을 수상했다.

그는 혈액을 사용하는 의사로서 "혈액은 공기와 같다"라며 "평상시에는 그 소중함을 모르다가 위급한 경우에는 무엇보다도 소중함을 알게 된다"라고 헌혈의 중요성을 강조하며 직원들의 참여를 독려했다.

그는 지금도 현역 의사로 활동하면서 다양한 사회활동을 소화하고 있다. 이를 가능하게 한 이유 중 하나는 아마도 가난한 학생들에게 키다리 아저씨로 언제까지나 남고 싶어서가 아닐까?

휴머니타리안의 실천 — 기부, 봉사, 헌혈

이처럼 특별하지 않아도 우리 주변에는 수많은 사람이 기부, 봉사, 헌혈과 같은 나눔을 통해 휴머니타리안을 실천하고 있다. 이분들을 통해 우리는 많은 도움과 가르침을 받으며 살아가고 있다. 그저 감사할 따름이다.

갈수록 인간의 존엄성이 위협받는 시대로 가고 있다. 이럴수록 더욱더 휴머니타리안은 계속되어야 하지 않을까?

"인도주의, 휴머니타리안의 등불은 꺼져서는 안 된다. 이 등불이 꺼지지 않도록 하는 것은 우리 모두의 의무다."

나눔강연
Part 3

나눔으로
행복한 시간

나눔을 계획하다

앞 장 〈우리들의 나눔 이야기〉에서 보았듯이 우리는 나눔으로 수많은 재난을 극복해 왔다.

인도적 위기 속에서 나눔은 어렵고 힘든 이웃에게 큰 희망이 되어주었다. 그리고 주고받은 사람 모두를 행복하게 했을 것이다.

기빙코리아 자료(2022)에 의하면 이 행복한 나눔을 하지 않는 이유가 기부단체에 대한 불신이 33%를 넘고, 기부에 대한 무관심이 14.3%, 방법을 모르는 경우도 5.5%나 된다고 한다.

그래서 이 장에서는 나눔에 대해 알아보고 나눔을 잘하는 방안을 제시하고자 한다.

행복과 나눔

인간은 행복한 삶을 추구한다. 두 가지 측면에서 살펴보면, 행복은 '생활에서 만족과 기쁨을 느끼어 흐뭇함, 또는 그러한 상태'라고 사전적으로 정의된다. 먼저, 대부분 사람은 행복을 성공이라고 생각한다. 이때 성공은 돈이나 권력, 명예 등 자신이 목표하는 바를 이루는 것이다. 이 행복은 자기만의 이기적 욕망이 될 수 있고 상대적으로 비교하며 만족하지 못하면 불행해질 수도 있다.

　한편으로는 성공한 것을 나누거나 성공과 상관없이 나눔으로 행복하다고 한다. 이 행복은 가진 것을 나누는 이타적인 행동이며 만족감으로 충만해진다.
　그래도 가진 것이 줄어드는데 행복하다니?
　그래서 실천하기가 힘들다.

 # 나눔 예찬
　철학자 김형석은 나눔이 더 가치 있는 행복이라고 이야기한다. 100년을 살아 보니 행복은 "이웃과 더불어 사는 삶, 소유가 아닌 나눔과 베풂이 목적이 되는 삶, 돈 때문에 일하는 인생이 아닌 쓰고 베풀고 봉사하는 삶, 돈, 출세와 성공이 아닌 보람과 가치 있는 삶"에서 얻어진다고 말했다.

　또한, 교육사업과 의료봉사에 헌신하다 대장암으로 숨을 거둔 고 이태석 신부는 남수단에서 행복했던 이유를 이렇게 말한다. "첫 번째 기쁨은 순수한 마음으로 톤즈 사람들에게 사랑을 나누는 기쁨입니다. 두 번째 기쁨은 나눔을 받는 사람들이 행복해하는 모습을 보는 기쁨입니다."

　이렇듯 나눔은 남을 돕지만 결국 나를 돕는 일이 된다. 그래서 나눔은 성공해서 많이 가지는 것보다 더하고 싶은 일인가 보다.

정목 스님도 어느 강연에서 우리 국민에게 "내가 다시 산다면, 다시 태어난다면 무엇을 하고 싶은가?"라고 설문조사를 해 보니, 많은 사람이 "나누며 살고 싶다"라고 했다며 나눔을 강조했다.

누구를 도울 것인가?

인간만이 누군가를 도울 수 있다고 한다.

도울 수 있는 대상은 누구일까?

빈곤과 재난

먼저 빈곤한 사람들이다. 빈곤은 기아와 질병을 포함한다. 안타깝게도 우리는 TV 화면에서 아프리카의 굶주린 아이들을 보았을 것이다. 지금 이 시각에도 수많은 아이가 기아로 생명을 잃는다. 또한, 오염된 물 때문에 질병으로 생명을 위협받고 있다. 이와 같은 절대적 빈곤 이외에도 경제적으로 어려움 겪고 있는 모두가 대상이다. 이들은 생계, 주거, 의료, 교육에 취약하다.

다음은 재난을 당한 사람들이다. 이재민, 난민, 이주민 등이다. 이들은 전쟁이나 무력 충돌, 자연재해나 사고로 생명을 잃거나 위협받는다. 최근에는 기후 위기로 재난이 전 세계적으로 끊이지 않고 있다. 더욱더 증가할 것으로 보인다.

오늘날은 동물과 자연보호에도 기부가 이루어지고 있다.

무엇을 나눌 것인가?

시간과 돈이다. 그리고 생명이다. 이를 인적, 물적, 생명으로 표현하며 3대 나눔이라고 한다.

3대 나눔

먼저 시간은 인적 나눔이다. 몸으로 하는 봉사를 일컫는다. 자신의 재능과 시간을 내어서 활동한다. 대상자를 직접 만나거나, 시설이나 지역사회에서 이루어진다. 단순한 봉사에서 전문적인 영역에 이르기까지 다양하다.

다음은 돈으로 물적 나눔이다. 물품도 포함되며 기부라고 한다. 소소한 모금함 기부부터, 불우이웃 돕기 및 재난 성금, 정기적인 후원, 고액 기부, 유산 기부 등이다. 요즈음은 인터넷이나 모바일 나눔 플랫폼을 통해 적은 금액이라도 기부할 수 있다.

세 번째는 생명 나눔으로 헌혈이나 골수, 장기기증을 말한다. 헌혈은 혈액검사를 통해 건강관리도 하면서 정기적으로 할 수 있다. 모바일 '레드커넥트(헌혈 앱)'를 이용하면 전자문진, 사전 예약 등 편의성이 좋다. 골수나 장기기증을 통해서 생명을 살리는 나눔에 참여할 수 있다.

얼마나 나눌 것인가?

가진 것을 나눈다.

 # 기부 목표

대부분 경제적 어려움으로 나눔을 회피한다.
상대적 빈곤이 커지는 현대사회에서는 더욱 어렵다.
기빙코리아(2022) 자료에 의하면 우리나라 개인기부 총액은 9.2조 원으로 2000년대 초반 크게 상승하다 2013년 이후 상승률은 저조하다. 개인 연간 평균 기부액은 2021년 31.6만 원이다.

대체로 동정심으로 기부한다. 이 패턴에서 벗어나 사회적 책임감이나 개인적인 행복감으로 참여하도록 해야 한다.
그래서 목표를 정할 필요가 있다.
십일조처럼 자기 소득의 몇 퍼센트를 정한다. 가능하면 정기적으로 기부한다.
예를 들어 소득이 1백만 원이면 일만 원씩 매월 저축하듯이 기부하는 것이다. 소득이 오르면 더 증가시킨다.

이렇게 시작을 하고 지금 나이와 경제적 상황을 고려하여 평생을 통해 얼마나 나눌 것인가를 정하면 더 좋을 것이다.

> 예를 들면
> - 기부는 1천만 원에서 1억 이상 아너스클럽 가입 등
> - 봉사 시간은 1천 시간에서 1만 시간 등
> - 헌혈은 30회에서 300회 등

기부는 경제적 여유가 있다면 단기간에 가능하지만, 봉사와 헌혈은 긴 시간이 필요하다.

어디에 나눌 것인가?

대부분은 자선단체에 기부한다.
이를 선택할 때 고려 사항은 이렇다.

먼저 관심 있는 대상과 분야를 정한다.

> 예를 들어
> - 국내 아동은 초록 우산, 굿네이버스
> - 해외 아동은 월드비전, 유니세프
> - 재난구호는 적십자, 국경 없는 의사회
> - 환경보호는 그린피스 등

효율적 이타주의

다음은 '모금단체가 얼마나 효율적으로 활동하는가?'를 점검한다. 《효율적 이타주의자》(저자 피터 싱어)라는 책에서는 "4만 달러로 1명을 도울 것인가? 2,000명을 구할 것인가?"(미국 시각장애인 안내견 1마리 훈련비용 4만 달러 vs. 개발도상국 트라코마 환자 실명 위기 치료비용 20달러)라고 하며 무엇이 더 효율적인가? 라고 묻는다.

여러분은 어떤 선택을 할 것인가? 누구나 2,000명을 구하는 것에 손을 들 것이다.

이렇게 효율적 이타주의자는 감성적인 이타주의를 비판하고 '선의 최대화'를 기준으로 선택한다. 이들은 나눔을 먼저 생각하고 더 많이 주기 위해 더 많이 벌고 자신의 안락을 위해서는 쓰지 않는다.

기부 포비아

세 번째는 목적에 맞게 투명하게 집행하는 곳을 택한다.

세상을 떠들썩하게 한 '어금니 아빠' 이영학과 일본 위안부 피해자 지원단체 정의기억연대의 기부금 유용 의혹은 우리 사회에 기부를 꺼리는 '기부 포비아' 현상을 만들기도 했다.

또 다른 방법으로 요즘은 기부금의 효율성과 투명성 확보를 위해 해피빈이나 카카오같이가치와 같은 인터넷 나눔 플랫폼 기부도 늘어나고 있다. 구체적인 대상자의 사연을 직접 보고 기부를 결정하며 아주 소액으로도 참여할 수 있다. 응원, 댓글도 기업 펀딩이 이루어진다.

봉사는 개별적으로 1365 자원봉사 포털에서 시설과 복지관, 헌혈의 집, 행정기관 등을 조회하여 참여할 수 있다. 적십자사 홈페이지에도 제빵, 국수 나눔 등 봉사활동 프로그램을 제공한다. 새마을, 적십자, 라이온스, 로터리 등 봉사단체에 소속되어 활동을 지속해서 할 수 있다.
헌혈과 골수 기증은 헌혈의 집에서 하면 된다.

나눔 계획서를 만든다.

지금까지 이야기한 내용을 바탕으로 나눔 계획서를 만들어 본다.

주식투자처럼 자신의 관심 분야에 따라 포트폴리오를 작성한다.

(예시) 기부의 경우
- 누구에게: 해외아동, 소외계층 재난구호 성금
- 얼마를: 일천만 원
- 어디에: 굿네이버스, 해피빈, 월드비전, 적십자

* 매월 1만 원씩 10년을 해외아동 5명에게 기부하면
  1인당 120만 원, 총 600만 원을 기부하게 된다.
  나머지 400만 원은 소외계층이나 재난이 일어날 때마다 매년 40만 원씩 기부할 수 있다.

여기에 덤으로 유산 기부도 포함해 보자!

미국은 유산 기부 비중이 전체 기부액의 10.6%를 차지한다(2020 국세청 통계, 대한민국 1%). 아쉽게도 우리나라는 부모 작고 후 상속으로 인한 자녀들의 다툼과 소송이 늘어나고 있다. 이런 상황을 피하려면 재산 일부를 상속이 아닌 기부로 돌리는 것이다. 아마도 자녀들에게 자랑스럽고 가치 있는 행복한 노년이 될 것이다.

이렇게 매년 계획을 세우고 이행 여부를 체크하고 소득 증가에 따라 기부금액이 증가하면 새로운 기부처를 추가할 수 있다.
봉사 시간이나 헌혈도 전체 목표와 연간 목표를 세우고 달성한다. 달성할 때마다 뿌듯함을 느끼게 될 것이다.

통계청 사회조사에 의하면 우리나라 기부 참여율은 2011년 34.6%에서 2021년 21%로 하향 추세다. 국민헌혈률은 6%에 불과하다. 이러니 영국 자선지원재단에서 발표한 2019년 우리나라 세계기부지수는 57위다.

왜 이럴까? 살기 어려운가?
경제적으로는 선진국인데 말이다. 이제는 기부도 선진국 대열에 진입해야 하지 않을까?

나눔 활성화를 위해서는 사회적 인정과 보상이 필요하다. 대학입시나 취업할 때 봉사 시간 반영, 봉사자를 위한 포상, 기부금 세제 혜택, 헌혈자 기념품 지자체 지원, 국공립 생활체육 이용시설 할인 또는 면제 등보다 다양한 혜택들이 마련되어야 한다.

또한 선출직 공직자, 주요 단체 임원에 대한 기부, 봉사, 헌혈 실적 등재를 의무화한다면?

아마도 우리 사회 나눔 확산을 위한 가장 획기적인 방법이 되지 않을까 생각한다.

사실 처음이 힘들다. 경제적 여유가 없다고만 하지 말자!

그래도 엄두가 나지 않으면 필자가 CMB 방송과 함께 진행하는 평범한 사람들의 소소한 나눔 이야기를 전하는 '나행시'(나눔으로 행복한 시간) 유튜브를 보고 용기를 내 보자!

나눔은 인간에 대한 사랑이며, 어렵고 힘든 이들에게 희망이 되고, 우리 모두에게 행복을 안겨다 줄 것이다.

자, 생각만 하지 말고 종이 한 장에 적어 보자!

나눔 계획서가 여러분에게 행복을 주는 버킷리스트가 되도록 하자!

"It's your turn."

생활 속 나눔
걸어도 괜찮아

  기후 위기가 심각하다.
  탄소 중립은 탄소 배출량과 탄소 흡수량을 동일하게 해서 제로가 되는 것이다.
  생활 속 나눔은 탄소 배출량을 줄이는 데 초점을 맞춘다. 여러 가지 환경보호 활동이 있겠지만 생활 속 나눔이 일상화된다면 그 효과는 이루 말로 할 수 없을 것이다.
  우리의 일상은 운동과 취미 생활을 빼면 대개 이렇다.
  아침에 일어나면 뉴스를 보고 아침을 먹고 집을 나선다. 차로 출근하고 사무실에서 일하고 퇴근한다. 집에 와서 저녁을 먹고 TV를 보고 잠자리에 든다.
  이런 일상에 여러분은 만족하는가?
  이 평범한 일상을 바꾸어 보고 싶지 않은가?

- 출퇴근은 자가용 대신 대중교통을 이용하거나 걸어서 한다.
- 먹는 것은 간헐적 단식 등 양을 점차 줄여 나간다.
- 불필요한 쇼핑은 하지 않는다.

이 세 가지만 지킨다면
한 달 뒤, 6개월 뒤 내 모습은 어떻게 변할까?

걷기는 현대인에게 필수적인 건강 비법이다.
걷기는 누구나 언제나 쉽게 할 수 있는 운동이다. 계절이 바뀔 때마다 산으로 바다로 걸어 보자.
여기서 걷기는 산책, 워킹 또는 트레킹을 포함한다. 전문적인 등반이 아니면 걷기라고 해도 무방하다.
걷기는 만병통치 국민운동이다. 전문가들은 일주일에 세 번 이상 삼십 분 동안 걷기를 권장하고 있다. 걷기는 과체중이나 비만도 예방하고 스트레스 해소로 정신 건강에도 좋다. 걷기는 자신을 돌아보게 하고 영감과 지혜를 준다. 자동차를 덜 이용하게 되니 이산화탄소 배출량을 줄이고 자연을 보호해 준다.

또한, 걷기는 단순히 건강을 넘어 기부로 이어진다.
걷기에 대한 노하우라고 할까?
다 아는 방법이지만 지금 이렇게 하고 있지 않다면 한번 해 보시기를 바란다. 아마 운동 효과를 좀 더 높일 수 있을 것이다.

- 보폭 10cm 더 넓혀 걸어라.

　시선은 정면을 바라보고, 몸은 꼿꼿하게 세우며, 팔은 자연스럽게 흔들고, 발은 뒤꿈치 → 발바닥 → 앞꿈치 순서대로 디디며 걷는다.

- 천천히보다는 빨리 걸어라.

　자신이 안정적으로 걸을 수 있는 속도보다 약간 빠른 속도로 걷는다. 천천히 뛰는 것도 좋다.

- 오르막 내리막길을 걸어라.

　평지보다는 약간의 경사가 있는 길을 걸으면 운동 효과가 배가 될 수 있다.

- 가끔은 맨발로 걸어라.

　암과 같은 불치병도 맨발로 걸어서 쾌유한다고 한다.

출퇴근 걷기

"배기가스는 환경을 오염시키고, 지구 온난화의 주범이야. 나는 운전을 하지 않을 거야"라고 결혼 전에 호기롭게 내가 집사람에게 말했다고 한다.

당시 자가용이 없어 미안해서 그런 말을 했을까?

명절이면 버스로 기차로 아이를 등에 메고 고향을 가곤 했다. 그야말로 차 없는 고생을 톡톡히 했다. 결국 한참 뒤에 차를 마련해야 했다.

인사이동으로 잠시 서울 인근에 살면서 대중교통을 이용해서인지 나는 지금도 버스를 타고 다니는 것이 어색하지 않다. 차가 필요한 날을 제외하고는 될 수 있으면 버스를 타고 내려서 걸어서 출근하고 있다. 퇴근도 마찬가지다. 이유는 당연히 건강을 위해서다.

창원에 근무할 때는 메타세쿼이아 가로수길을 걸으면서 사시사철 변하는 풍경을 보면서 계절을 만끽했다. 제주도의 용두암 길은 퇴근할 때 석양이 지는 바다를 보면서 걷는 기분은 최고였다.

고향인 광주 출근길은 회사 뒤편 야산이 병풍처럼 감싸고 있다. 회사 뒤편 도로에서 내려 오르는 산길을 타는 즐거움은 이루 말할 수 없다. 푸른 숲길과 눈이 내린 오솔길을 걷는 맛은 걷기의 백미다.
따로 운동 시간을 내기 어렵다면 자동차가 아니라 걸어서 출근하라. 눈과 마음이 즐겁다.

마이크로 산책

100m 마이크로 산책은 미국 뉴욕 도심에서 유행했다고 한다. '아주 작은'을 뜻하는 마이크로(micro)와 산책이 합쳐진 말이다. 출퇴근길과 점심이나 저녁 식사 후 익숙한 곳에서 가볍게 걷기를 즐기는 산책이다.

아마도 우리나라 마이크로 산책의 원조는 동경 유학 중 출퇴근을 하면서 거리를 활보하던 유인촌 장관이 아닐까? 모 방송 '동네 한 바퀴'가 인기인데 가끔 퇴근 후에 아파트 주변 상가를 돌면서 여기저기 구경하며 걷는 재미를 맛보는 것도 괜찮다.

만 보 걷기

이렇게 출퇴근길과 식사 후에 걸으면서 하루 만 보 걷기에 도전하고 있다. 잘 지켜지지는 않지만 나름의 현상 유지는 되는 것 같다.

하지만 일주일 내내 만 보 걷기는 쉽지 않다. 그래도 출퇴근을 걸으면서 하면 6~7천 보는 걷는다. 요즈음은 걷기 앱이 있어 측정하기 편리하다. 여기에 걸음 수를 기부할 수 있다. 기업에서 걷기 앱에 걸음 목표를 정하고 참가자들이 모여 그 미션을 달성하면 환경보호를 하거나 소외계층을 돕는 식이다. 걸음 순위도 매기고 기업에서 인증사진을 올리면 추첨해서 기념품도 준다. 걷기 앱과 연계된 기업의 ESG 활동의 하나로 자리 잡아 가고 있다.

단지 걷기만 하는데 건강도 챙기고 좋은 일을 할 수 있는 세상이 된 것이다.

자선 걷기

코로나 이전에는 1m 1원 또는 만 보 자선 걷기 행사가 많았다. 대체로 5km를 걸으면 참가자들로부터 5천 원에서 1만 원의 기부금을 받았다. 또 기업체의 후원을 받아 소외계층 돕기에 사용하는 콘셉트로 진행했다.

제주에서 만 보 걷기는 탑동광장에서 이루어졌는데 3,000여 명의 참가자와 후원으로 1억 원의 기부금을 만들어 교육청과 함께 생활이 어려운 학생들의 공부방 만들기 사업을 추진했다. 광주, 전주에 근무할 때도 매년 자선 걷기 행사를 했고 코로나 시기에는 대한적십자사 몇몇 지사에서 비대면 유튜브를 통해서 운영하기도 했다. 이제 코로나 발생이 점점 줄어들고 있어 자선 걷기가 활발해져 어려운 이웃에게 많은 도움을 줄 수 있으면 좋겠다.

플로킹

'쓰담 걷기'라고도 한다. 많이 보편화하고 있다. 걸으면서 건강도 챙기고 환경도 보호하자는 취지다. 환경오염이 심각하다는 말이 나오기 전부터 적십자 봉사원들은 산, 바다, 공원에서 환경보호 활동을 해 왔다.

제주 바다에서 파래 제거 봉사는 기억에 남는다. 신양리 해수욕장 일대에 300여 명의 봉사원이 수십 톤의 파래를 제거하는 일이다. 한 번은 비바람이 너무나 불어 현장까지 도착하고서 발을 돌린 적도 있었다. 제거한 파래를 담은 수십 개의 커다란 포대기를 기중기로 트럭에 싣는 모습은 장관이 아닐 수 없었다. 여름철 무더위와 썩은 파래의 악취에도 아랑곳하지 않고 활동하시던 봉사원들의 모습이 눈에 선하다.

광주 전남에서는 작년부터 적십자 봉사원님들과 함께 지구별로 산, 공원, 바다에서 지구를 위한 한 걸음 '우리 동네 한 바퀴, 쓰담 걷기 운동' 캠페인을 전개하고 있다. 전 국민이 참여하는 캠페인이 되었으면 좋겠다.

클린 하이킹

인스타그램을 보면 젊은 여성 등산객들의 클린 하이킹이 눈에 띈다. 등산하면서 쓰레기를 줍는 활동이다. 여기에 폐품이나 쓰레기를 소재로 정크 아트를 하기도 한다. 이것을 인스타그램에 소개하는 대표적인 활동가 김강은 씨는 "우리 인간이 버린 쓰레기가 결국 인간에게 돌아와 우리를 화나게, 슬프게, 우울하게 한다"라며 주운 쓰레기로 〈현대인의 자화상〉이라는 정크 아트를 만들기도 했다.

또한 산 풍경을 화폭에도 담는 김강은 씨는 "쓰레기 10개 줍기와 같은 소소한 클린 하이킹은 우리의 아름다운 자연을 위해, 그리고 그 아름다움을 계속 누리고 살아갈 나 자신을 사랑하는 행동"이라며 그린피스 '재로해 캠페인' 참여를 제안한다.

등산 갈 때면 먹을 것만 챙기지 말고 집게와 클린백을 가지고 가자! 주운 쓰레기로 정크 아트나 인스타그램을 해 보는 것도 좋지 않을까 싶다.

천 원의 기적

대한주택관리사협회 광주시회 서금석 회장은 '천 원의 기적' 모금함을 비치하고 각종 행사나 교육 시에 회원들에게 참여를 독려하고 있다. "얼마나 될까?" 싶었는데, 한 달에 50~60만 원이 모였다. 모 관리소장님이 '운동하면서 천 원의 기적 쌓기'를 제안했다. 내용은 이렇다. 1km당 100원씩 하루 5km. 대략 만 보를 걸으면 500원이다. 한 달 미션을 전부 달성하면 15,000원이고 이를 협회 지정 계좌에 저축하듯이 입금하면 협회에서 좋은 곳에 기부한다. 그냥 천 원씩 돈으로 기부하는 것보다 건강도 챙기면서 할 수 있으니 의미 있는 일이었다.

더 나아가 토스 같은 앱은 걸음 수에 따라 10원씩 현금으로 지급한다고 한다. 걸어도 돈을 주다니?

다시 말하지만 이렇게 걸으면서 얻어지는 혜택은 자신의 건강만이 아니다. 힘든 이웃에게 도움을 주며 아름다운 자연을 보호한다.

그래서 하는 말이다.

"걸어도 괜찮아."

생활 속 나눔
조금 덜 먹고 살아도 괜찮아

70~80년대만 해도 쌀밥이 흔하지 않았고 귀한 세상이었다.
"아야 뛰지 마라. 배 꺼질라. 가슴 시린 보릿고개 길, 주린 배 잡고 물 한 바가지 배 채우시던 그 세월을 어찌 사셨소." 보릿고개 노래 가사 일부다. 그랬다. 이렇게 배고픈 시절이 있었다.

그런데 지금은 어떤가? 음식물이 많아도 너무 많다. 많이 먹어서 찐 살을 빼기 위해 다이어트를 한다고 한다. 먹는 것으로 끝나지 않는다. 음식을 만들기 위해서는 농작물을 재배하고 음식 재료를 유통하고 조리하고 음식 쓰레기를 배출하는 전 과정에서 온실가스가 나온다. 전체 온실가스 배출량의 30%가 음식에서 유래한다고 하니 단순히 먹는 문제만은 아니다. 온실가스는 지구 온난화를 가져오고 폭염, 산불, 집중호우, 쓰나미 등으로 재난을 불러오고 있다.

반면 유니세프 통계를 보면, 6초마다 한 명씩 아이들이 굶어 죽는다. 인류는 이미 세계 인구를 모두 먹여 살릴 만한 식량을 생산하고 있는데 지구 어딘가에선 먹을 것이 없어 죽는다. 세계 70억 인구 중 약 10억 명이 굶주림에 고통받는다.

먹는 것을 줄이고 굶주린 사람들에게 나눌 수 있다면? 세상은 건강해지고 우리의 자연과 생명을 살릴 수 있다.

간헐적 단식과 소식

간헐적 단식 열풍이 10년이 다 되어 가지만 여전하다.

지키기가 여간 어렵지 않은가? 번번이 실패하기 쉽다. 특히 사회 생활을 하는 사람에게는 더욱 그렇다. 16:8의 법칙, 이것은 TV 모니터 크기가 아니다.

16시간 동안 공복 상태를 유지하고 8시간 동안만 식사할 수 있다는 것이다.

또한, 8시간 안에 세 끼를 먹는다는 뜻이 아니다. 통상적인 식사 시간과 양은 그대로 유지하면서 아침 또는 저녁을 먹지 않는 것을 말한다.

- 아침을 먹지 않을 경우
오전 10~12시부터 오후 6~8시 전까지만 점심과 저녁을 먹고 나머지 시간은 어떤 것도 먹지 않는다.

- 저녁을 먹지 않을 경우
오전 6~7시부터 오후 2~3시 사이 아침과 점심을 먹고 나머지 시간은 어떤 것도 먹지 않는다.

이 방법은 탄수화물 기반의 에너지원을 모두 사용하고 지방을 연소하기 시작하는 12시간을 넘어 16시간이 되면 지방이 빠르게 소모되는 원리를 이용한다.

사회생활을 하는 사람들에게 저녁을 먹지 않기는 어렵다. 그래서 나는 아침을 먹지 않는다.

또 하나는 간헐적 단식 방법으로는 23:1 단식(1일 1식)이 있다.

이 방법은 회식이 있는 날에 점심을 거르고 저녁만 먹을 때에 사용하기도 한다.

간헐적 단식은 공복 시간에는 물 이외에 어떤 것도 먹지 않는 것이 원칙이다. 하지만 간식이나 차, 음료를 먹기 쉽다. 이러한 방법은 잘 지키지 못하기 때문에 효과는 체중 감량까지는 아니고 현상 유지라고 할까?

여러분은 어떤가?

요즈음 나는 거의 아침만 간단히, 점심, 저녁은 그대로 먹고 있다. 세 끼를 다 먹더라도 회식이 있는 저녁에는 점심을 안 먹는다는 식으로 식사량을 줄이는 것이 목표가 되고 있다. 먹는 재미를 생각하면 밥 한 숟가락을 줄이는 소식이 더 좋을 것 같다.

비건 데이

음식물이 온실가스의 주범인데, 이를 줄이기 위한 전략의 하나가 식물성 식재료로 바꾸는 것이다. 하지만 현실은 정반대로 육류 소비량이 빠르게 늘어나고 있다. 그 결과 농지를 마련하기 위한 숲의 파괴, 비료 생산, 논에서 나오는 메테인(이산화탄소보다 21배나 효과가 큰 온실가스다)과 함께 가축에서 나오는 분뇨와 트림, 방귀의 메테인 양도 엄청나게 증가하고 있다. 여기에 동물 착취에 대한 논란도 거세지고 있다.

우리나라 비건(Vegan, 채식주의자) 인구는 250만 명을 넘어 점차 증가하는 추세에 있다. 이들 중 절반가량은 간헐적 육류 섭취를 병행하고 있다. 이렇게 하는 이유는 동물 착취를 지양하는 순수 채식주의보다는 탄소 중립을 목적으로 한 가치 소비 성향의 비건이 늘어난 결과다. 이런 비건 문화의 확산은 식물성 대체육의 성장을 비약적으로 이끌고 있다.

이런 가운데 모 금융사의 ESG 경영 관련 친환경 캠페인이 눈에 띈다. 바로 비건 데이다. 일주일에 한 번은 저탄소 식단을 제공하는 것이다. 동물성 식단보다는 온실 가스 배출량을 최대 70~80% 줄일 수 있다고 한다.

"육고기 NO, 콩고기 Yes."
붉은 고기나 가공육은 암을 유발할 가능성이 크고, 지구 환경을 위해서 지금보다는 고기를 덜 먹어야 한다고 한다. 그리고 붉은 고기로 바뀌는 가축은 우리와 같은 포유동물로 감

정의 상당 부분을 공유하고 있다. 사육과 도살 과정에서 착취당하는 동물을 생각해서라도 육식을 줄이는 비건 데이가 늘어났으면 한다.

간헐적 단식을 하거나 매주 한 번이라도 비건 식단을 이용한다면, 거시적으로 탄소 배출을 줄여 환경을 보호하고 동물복지에도 이바지할 것이다.

식습관을 바꾸는 과정에서 특히 간헐적 단식은 음식 비용을 절감하는 효과도 부수적으로 생길 것이다.

여기 먹는 것을 줄이는 것만으로도 지구 환경을 보호하고 음식물 과잉 소비 비용으로 숲을 살리는 방법이 있다.

포레스트 메이커(Forest Maker)

월드비전의 기후 변화 대응 사업 중 하나인 산림복원사업(FMNR, Farmer Managed Natural Regeneration)은 지역 농부들이 스스로 자연적이고 지속 가능한 방법으로 산림을 복원하는 데 초점을 둔 사업이다. 산림이 파괴된 땅 10억 헥타르에서 산림복원사업(FMNR)을 진행해 숲이 조성된다면 현재 대기 중 온실가스 1/4을 처리할 수 있는 것으로 나타났다. 이 캠페인에 참여하면 2만 원으로 약 1,500평(4,958m2)의 토지를 복원할 수 있다고 한다.

우리는 흔히 TV를 보다 화면에 맛있는 음식이 보이면 먹는 충동을 참지 못하고 배달 음식을 시키곤 한다. 홈쇼핑에서도 마찬가지다. 냉장고가 가득 차고 대부분 집에는 대형 냉장고가 2개 이상은 있다. 먹지도 못하면서 계속 음식을 사들이고 있다.

이런 패턴에서 벗어나 먹는 것을 줄이면 어떨까?

그래서 줄어든 식료품 구매 비용으로 숲을 살리는 데 기부해 보는 것은 어떤가?

자! 여러분의 선택만 남았다. 먹고 싶은 것을 참을 것인가?

"조금 덜 먹고 살아도 괜찮아."

생활 속 나눔
조금 덜 가지고 살아도 괜찮아

　법정 스님의 무소유는 유명하다. 여기서 무소유는 아무것도 가지지 않는다는 것이 아니다. 필요한 것만 가진다는 것이다.

　우리는 필요 이상으로 가지고 살고 있지 않은가?
　온라인으로 구매하기도 쉽고 대형 식자재마트는 '세일'이라고 하면서 끊임없이 소비를 부추긴다. 싼값에 넘어가 필요 이상의 물품을 사서 사용하지 못하고 집안 곳곳에 쌓아 두지는 않는가?

　먹는 것, 입는 것이 넘쳐 난다. 하물며 쓰레기도 넘쳐 난다. 코로나19로 인한 비대면으로 비닐, 플라스틱, 상자 등 생활용품 쓰레기가 몇 배는 늘어났다고 한다.
　'신박한 정리'라는 방송 프로그램을 보다 보면 물건이 넘쳐난다. 대개 쓰지 않는 물건이 많고 냉장고는 오래된 음식으로 가득 차 있다. '세상에 이런 일이'란 프로그램에 나올 만한 수준이다. 정리 수납 전문가가 나와 이를 수습하는데 절반은 버리는 것 같다.

최소화한 삶(minimal life)

'삶에 필요한 최소한의 물건만 갖추고 사는 생활'이라고 정의한다. 무소유와 같은 이치다.

3,000배로 유명한 성철 스님도 팔십 평생을 한 가지 장삼 가사와 하나의 목탁으로 보냈다고 한다.

우리가 이렇게 살 수는 없지만, 집 안의 물건을 줄이는 일부터 먼저 해 보자!

버리는 것으로 최소화한 삶을 시작하는 것이다.

정리하며 살아도 괜찮아

쌓이는 것은 주로 책이나 의류가 많다. 아내는 보지도 않는 책을 정리하라고 한다. 한 번도 보지 않으면서 버리기는 쉽지 않다. 아는 후배는 정기적으로 정리해서 국군병원에 기증도 하는데 말이다. 이렇게 정리한 책은 중고로 팔아도 쏠쏠하다. 오래된 책은 폐지로 고물상에 판다.

아름다운 가게 기부

옷은 정리에서 의류 수거함에 버리기도 하지만 쓸 만한 의류는 아름다운 가게에 맡겨도 좋다. 아름다운 가게에서는 의류를 판매하고 문자로 기부금액을 통보해 주고 국세청 연말정산 혜택을 받는다.

집 정리도 하면서 자원 재생과 기부까지 일석삼조다.

이 외에도 버리는 방법은 아나바다(아끼어 쓰다, 나누어 쓰다, 바꾸어 쓰다, 다시 쓰다), 플리마켓(벼룩시장)도 있고 앱으로 직거래하는 당근 마켓으로 진화하고 있다.

적십자 바자

코로나19로 2년이 넘게 중단되었던 적십자 바자가 서울 코엑스에서 성황리에 열렸다. 기증 물품으로 이루어지는 국내 최대 바자다. 바자 수익금은 생활이 어려운 조손가정, 재난구호 등 인도주의 활동에 사용된다.

15년 전 바자 주관 부서에서 근무했는데, 넓은 코엑스 전시장에 판매대를 만들면서 준비하던 생각이 난다. 기증 물품이지만 좋은 게 많았다. 입소문이 났는지 많은 인파가 몰렸고 물품은 금세 동이 났다.

사회지도층의 '노블레스 오블리주'로 의미가 크다. 지금은 일일 바자지만 더 많은 참여의 장이 열렸으면 좋겠다.

나누며 살아도 괜찮아

미니멀 라이프를 위한 또 하나는 방법은 소비를 줄이는 것이다. 비대면으로 늘어난 음식 배달 앱, 쇼핑 관련 앱을 아예 없애거나 사용을 줄이는 것이다. 사고 싶은 물품을 곧장 사지 말고 장바구니에 넣어 두자! 그리고 다시 필요한 물건인지, 충동적인 것은 아닌지 생각해 보자!

　이렇게 해서 사지 않는 물품의 가격만큼 기부해 보자. 아니 물품값의 10%만이라도 좋다. 해피빈에 가면 다양한 대상, 지구촌, 동물, 환경 등에 사랑을 전달할 수 있다.
　가지는 것보다 나누며 살아 보는 것도 괜찮다. 내 삶의 공간은 넓어지고 세상은 골고루 풍요로워질 것이다.

생활 속 나눔
마음 쓰며 살아도 괜찮아

어느 아주머니가 버스를 탔는데 지갑을 깜빡했나 보다. 순간 난감한 상황이다. "어쩌면 좋지요." 버스 기사의 눈치가 좋지 않았다. 그때 버스 안쪽에서 "내 카드 쓰세요!" 동시에 한두 분이 소리쳤다. 그 아주머니가 "그래도 미안해서요" 하며 주저하자 "신경 쓰지 말아요. 살다 보면 그럴 수 있지요"라며 사람들이 위로했다.

훈훈한 장면이다. 차창만 바라보던 나는 약간 창피했다.

 # 작은 친절이 큰 보답으로
'멜빈 다마'라는 한 청년이 미국 네바다주 사막 한복판에서 낡은 트럭을 몰고 가고 있었다. 저 멀리 허름한 차림의 노인이 혼자 걸어가는 것을 발견하고 급히 차를 세웠다.

"어디까지 가십니까?"

노인은 아무 말이 없지만, 눈빛은 태워 주기를 바라는 애절함이 보였다. 청년은 안쓰러웠던지 "타시죠! 제가 태워 드릴게요!"라고 말했다.

그러자 말이 없던 노인은 정말 반가운 듯 이내 "고맙소, 젊은이!" 하며 차를 얻어 탔다.

목적지에 도착한 뒤에도 가난한 노인이라 생각한 젊은이는 25센트를 주면서 "영감님! 차비에 보태 쓰세요!"라고 말했다.

　노인은 정말로 고맙다며 "참 친절한 젊은이로구먼!" "내 이 신세는 꼭 갚겠네!"라고 말했다.

　그 후 세월이 흘러 이 일을 까마득히 잊어버렸을 무렵, '세계적인 부호 하워드 휴즈 사망'이란 기사와 유언장이 공개되었다.

　그런데 놀라운 것은 그의 유언장에 유산 중에 16분의 1을 '멜빈 다마'에게 증여한다는 내용이 기록되어 있었다.

　16분의 1은 1억 5,000만 달러이며 우리 돈으로 환산하면 대략 2천억 원가량이 되는 어마어마한 금액이었다. 사막에서 낯선 노인에게 낡은 트럭을 태워 주고 25센트의 차비를 보태 준 작은 친절이 무려 2천억 원으로 되돌아온 것이다.

　이 글은 우리에게 한가지 교훈을 보여 준다. 친절의 가치는 이렇게 클 수 있다는 것이다.

작은 친절

　친절은 관심과 배려다.

　무거운 물건 들어 주기, 리어카 밀어 주기, 자리 양보, 깜빡이 신호 넣기, 엘리베이터 양보하기, 길가 쓰레기 줍기 등등 관심만 있다면 우리 주변에는 작은 친절 거리가 많다.

　"그냥 지나치지 않는가?"
　"바빠서, 힘들어서, 나중에 하며 변명하지 않는가?"

응원 댓글 공유

카카오같이가치는 모금 사이트다.

누군가를 돕는 내용을 보고 기부도 하는데, 공유, 응원과 댓글만 달아도 카카오에서 100원씩 지원을 해 준다.

우리 지사에서는 코로나로 힘든 취약계층과 소상공인을 위한 상생 도시락, 우크라이나 피란민 지원 프로그램을 운영하여 수백만 원의 성금을 모았다.

"여러분도 카카오같이가치에 들어가서 응원과 댓글을 달아 보세요!" "그리고 함께 공유해요!"

SNS 안부

코로나19로 비대면이 되다 보니 지인들을 직접 만나기가 어려워졌다. 요즈음은 전화나 문자, 카카오톡으로 안부를 묻는 게 대세가 되었다.

나는 좋은 글과 안부 카드 인사를 가끔 지인들에게 보내곤 한다. 카톡으로 수백 명에게 안부 인사를 한 번 보내려면 열 명씩 한 시간도 넘게 걸려서, 카톡으로 인사하기는 목도 아프고 손목도 저리는 중노동이 된다.

그래도 반가운 답글이 오면 기분 좋은 하루가 된다. 간혹 만나면 답장을 못 해서 미안하다며 고맙다는 소리도 듣는다.

누군가를 잊지 않고 생각하면서 행운과 건강을 기원하는 안부 전하기는 기분 좋은 일이다. 예를 들면 매월 계절 인사를 한다. "가을 문턱 9월입니다. 아침저녁 선선한 기운이 기분 좋습니다."

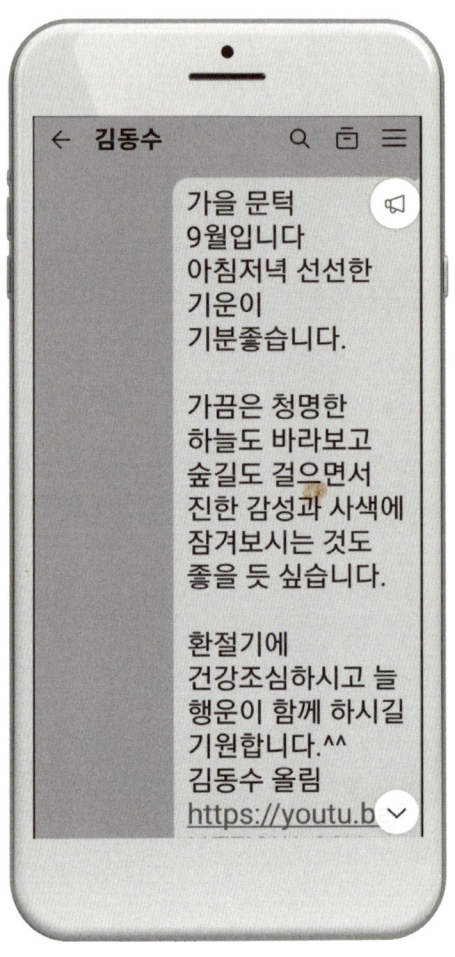

기도와 바람

종교와 무관하게 기도와 바람은 자신과 가족을 위해서만 하는 경우가 많다. 중보 기도라는 게 있다. 누군가가 잘되기를 바라며 많은 사람이 함께 기도하는 것인데 큰 힘이 된다고 한다.

우리는 가족을 넘어 사회, 국가, 전 세계로 연결된 삶을 살고 있다. 생각의 폭을 넓혀 이웃과 나라, 세계를 위해서도 기도하면 어떨까?
남을 위하는 마음 쓰기는 결국 자신을 위하는 것이 될 것이다.

마음 쓰며 살아도 괜찮아

시인 강원석 님의 〈희망〉이라는 시를 옮겨 본다.

희망

바람에 쓰러지고
뙤약볕에 말라 가던
여린 풀잎 위로

흘러가던 구름이 건네준
작은 빗물 한 방울
그것이 희망이었다

지금 네가
건네는
따뜻한 말 한마디
지친 사람들에겐
그것이 희망이다

작은 친절과 안부, 응원 댓글, 기도와 바람이 생활 습관이 되도록 하자!

누군가에는 희망을 주고 내 삶은 풍요로워지고 더 큰 나눔을 위한 바탕이 될 것이다.

당신도 할 수 있다
나눔으로 청렴해도 괜찮아

　2021년 LH 직원들의 신도시 부동산 투기로 온 나라가 떠들썩했다. 미리 막을 수 있는 비리였기에 아쉬움이 컸지만 뒤늦게 공직자 직무 관련 부동산 보유 및 매매 신고, 직무상 비밀 이용 금지 등 이해충돌방지법을 제정하게 하는 동력이 되었다.
　이는 2015년 일명 김영란법으로 부정 청탁 및 금품 등 수수 금지에 관한 법률 제정을 할 때 함께 만들어 시행하지 못한 만시지탄의 결과다.

　우리나라 국가부패인식 지수는 62점으로 2021년 180개국 중 세계 32위다. 부패인식지수는 공공부문 부패에 대한 전문가의 인식을 반영해 이를 100점으로 환산한 것이다. 70점대는 '사회가 전반적으로 투명한 상태', 50점대는 '절대 부패에서 벗어난 정도'로 해석한다.

　한국투명성기구는 "우리나라의 부패인식지수가 해마다 개선을 보이고 있지만, 세계 10위권의 경제력 등 위상에 비추면 여전히 낮은 수준"이라며 "반부패 청렴 활동에 더욱 박차를 가해야 한다"라고 강조한다.

이제 이해충돌방지법 시행으로 법적, 제도적인 장치는 모두 갖추어졌다고 본다. 70점대로 가기 위해서는 법을 잘 준수할 수 있는 청렴 의식을 높일 필요가 있다.

그래서 그 방안의 하나를 이야기하고자 한다.

청렴을 어학 사전에서는 "성품과 행실이 높고 맑으며 탐욕이 없음"이라고 한다. 나눔과 일맥상통하지 않는가? 나눔은 내가 가진 것을 주는 것으로 탐욕이 있으면 하기 어렵기 때문이다.

가진 것을 나눔으로 청렴하다

청렴 교육을 받을 때 조선 시대 '비우당' 이야기가 나온다. 조선 3대 청백리 중의 한 분인 재상 휴관이 살았던 비우당은 '비를 근근이 가리는 집'이라는 뜻이다. 과연 정승이나 돼서 대궐 같은 기와집이 아닌 비가 새는 집에 살았다는 게 말이 되는가?

그래도 녹봉은 받았을 텐데 쉽게 이해가 되지 않는다. 그런데도 청빈한 생활을 했다고 하니, 아마도 백성을 구휼하는 데 쓰지 않았나 생각된다.

그래서인지 후세에 "그는 남에게는 한없이 베풀고 너그러웠으나 자신과 가족에게만은 깐깐하기 이를 데 없었다"라고 전해진다.

적십자의 창시자 앙리 뒤낭은 이탈리아 통일을 위한 전쟁터를 지나가게 되었다. 사업 인허가로 나폴레옹 3세를 만나기 위해서였다. 그런데 솔페리노 언덕 위에 있는 교회에서 여기저기서 살려 달라고 비명을 지르며 몸부림치는 부상자들의 모습을 보게 되었다. 30만 대군이 격돌한 전투에서 수많은 사상자가 발생한 것이다. 그는 사업을 뒤로하고 마을 부녀자들과 함께 부상자를 구호하는 자원봉사활동을 펼쳤다.

이후 그는 이 경험담을 사실적으로 묘사하고 평소 훈련된 봉사자를 양성하는 단체와 이들의 활동을 보장하자는 두 가지 제안을 담은 《솔페리노의 회상》이란 책을 써서 세상에 알렸다.

그의 뜻대로 두 가지 제안은 적십자와 제네바 협약으로 만들어져 무수한 생명을 살리게 되었다. 그 공로로 그는 노벨평화상 제1회 수상자가 되었다. 받은 상금마저 기부한 뒤낭은 자신의 부와 꿈보다는 인류의 생명을 살리는 데 헌신한 것이다.

나눌 때도 공평해야 한다

여기서 다시 부상자가 고통으로 신음하는 솔페리노의 현장으로 가 보자!

교회 밖에도 부상자들이 여기저기 누워 살려 달라고 애원을 한다. 그때 뒤낭은 적군이지만 부상이 가장 심한 군인을 발견한다. 마을 사람들이 안으로 들여보내는 것을 머뭇거리자 그는 이렇게 외친다.

"모든 사람은 형제다"라고 하면서 부상 정도가 심한 군인부터 안으로 들여보내라고 한다.

오늘날 적십자 7대 기본원칙의 하나인 공평은 "국적, 인종, 종교적 신념, 계급 또는 정치적 입장이 다르다고 차별하지 않는다. 오직 개개인의 절박한 필요에 따라 고통을 덜어 주고, 가장 위급한 재난부터 우선적으로 해결하도록 노력한다."라고 규정하고 있다.

나눌 때도 차별 없이 평등하게 해야 함을 보여 준다. 직무를 수행할 때도 똑같다. 불공정한 업무처리는 부패다. 고로 공정이 곧 청렴이다.

우리 사회는 경제성장과 민주화를 이루었지만 여전히 혈연, 지연, 학연, 정경유착 등으로 인한 부정부패가 일소되지는 않고 있다.

다행히 청탁금지법 등 제도적 장치를 통해 점차 개선되고 있지만 뿌리 깊게 자리 잡은 정이나 이해관계에 치우친 불공정한 인식은 쉽게 사라지지 않고 있다.

 # 나눔으로 청렴을 얻다
앞에서 살펴본 바와 같이 나눔이 청렴 의식을 높이기 위한 좋은 방법이 될 수 있다는 것을 알게 되었을 것이다.
그래서 다시 정리해 보면, 청렴하다는 것은 탐욕이 없는 것, 탐욕이 없어지려면 가진 게 적거나 없는 것.

가진 게 적거나 없어지려면?
나누는 게 가장 좋은 방법이 아니겠는가?
결론은 나누다 보면 탐욕도 생기지도 않고 성품과 행실도 높고 맑아지는 것이다.

지난 세월, 공직사회는 부정 청탁이나 금품수수가 만연했다.
하지만 수많은 공직자가 나눔에 앞장서 왔다.
내가 아는 통계청에서 근무한 손홍식 씨는 국내에서 최초로 700회나 되는 헌혈을 기록했다. 예비군 중대장을 지낸 임창만 씨는 3대가 봉사를 펼쳐 적십자 봉사 명문가로 선정되기도 했다.

자! 공직자 여러분! 이제 당신이 할 차례다.
앞 장에서 다룬 기부, 봉사, 헌혈 나눔과 일상 속 나눔을 실천해 보자!

이 나눔으로 여러분은 지구를 지키고 자신의 건강과 행복, 그리고 청렴을 얻을 것이다.
또한, 청렴 의식 제고로 이어져 우리나라 부패인식지수는 획기적으로 높아지고 나눔 문화도 크게 확산할 것이 자명하다.

"나눔으로 청렴해도 괜찮아."

당신도 할 수 있다
나눔 일기

무엇이든 실천하기가 어렵다.
나눔도 마찬가지다.
그래서 일기처럼 써 보면 어떨까?

나눔 일기?
무엇을 쓸 것인가?
앞 장에서 우리는 나눔 계획과 일상 속 나눔을 알아보았다.
이를 토대로 나눔 계획(기부, 봉사, 헌혈, 일상 속 나눔)을 세웠다면 이행 사항을 기록해 보는 것이다.
기본적으로 실천 여부도 확인하면서 나누며 마주치는 사연과 사람, 관련된 생각과 소감을 널리 알려진 감사 일기처럼 써 보자!

이렇게 나눔 일기를 쓰다 보면,
늘 "오늘은 무엇을 나눌까?"를 궁리하게 될 것이다.

남을 더 생각한다
나눔 일기를 쓰게 되면 먼저 남의 처지에서 생각하게 되고 주변을 더 살피게 될 것이다.

이건 내가 가진 것을 잘 나누기 위해서다. 작게는 배려와 양보에서 더 큰 기부나 봉사로 이어지는 힘이 될 것이다.

그러다 보면 나의 소비보다는 먼저 도울 사람을 생각할지 모른다. 효율적 이타주의자가 되는 것이다.

감사함을 나눌 줄 안다

생각해 보면 그동안 우리가 받은 감사한 일에 나눌 일들이 많아질 것이다.

대개 어렵게 살다가 자수성가하신 분들이 나눔에 적극적이다. 힘들 때 도움받은 것이 있어서 감사할 줄 안다. 성공한 기업가도 자신이 사회에서 받은 것에 감사하며 사회에 환원하겠다고 말한다. 우리가 살면서 부모, 가족, 이웃, 의식주에서 자연과 우주에 이르기까지 도움을 받지 않는 것이 없다. 혼자서는 살 수 없다는 것이다. 이 이치를 안다면 감사함에 그치지 말고 보답해 보자! 그러면 이야깃거리가 많아질 것이다.

자신이 성장하고 선이 확대된다

또 하나 나눔 일기를 쓰다 보면 자신을 성찰하게 되고 더 성장시킬 수 있다.

이처럼 자기 수행과 글쓰기를 통해 자신을 재발견하고 삶의 진로를 바꿀 수도 있기 때문이다. 더 나아가 탐욕에서 벗어나 '공수래공수거'의 도리를 깨달을지도 모른다.

나눔 일기는 선한 일을 확산시킨다. 처음에는 짧은 글이지만 나중에는 주고받는 사람들의 줄거리를 만들 수 있을 것이다. 이 책의 〈우리들의 나눔 이야기〉처럼 말이다.

이처럼 나눔 일기는 자신이 경험한 이야기는 물론 재난과 봉사 현장, 복지 사각지대 등 인도적 위기 상황과 복지정책, 나눔 미담 등에 이르기까지 나눔 이슈 소재를 발굴하여 르포, 에세이, 칼럼 형태로 쓸 수 있다.

그리고 이 나눔 일기를 블로그나 페이스북, 브런치 등에 올려서 많은 사람에게 알려서 함께 하는 것이다. 나눔 이야기가 감동을 주고 공감을 끌어낸다면 나눔은 더 많은 사람에게 확산될 것이다.

이렇게 하루하루 쓰다 보면, 나눔 일기가 적어도 여러분의 삶을 풍요롭고 행복하게 하는 자산이 될 것이라고 믿는다.

(나눔 일기 예시)
- 오늘 나는 헌혈을 했다. 올해 들어 처음이다. 누군가를 도울 수 있어서 감사하다.

- 나는 오늘 승용차를 타지 않고 걸었다. 걸어서 하루 1만 보 목표를 달성해서 좋았고, 배기가스 배출량도 줄여 탄소 중립에 이바지했다.

― 가파른 길 가운데 폐지를 실은 어르신의 리어카가 힘들어 보였다. 살짝 뒤에서 밀어 드렸다. 어르신은 한결 수월한 듯 미소 지으며 뒤를 돌아보았다.

― 엘리베이터를 타면서 인사를 건넸다. 상대방도 웃으며 응대했다. 좋은 아침이다.

― 카톡으로 좋은 글이 왔다. 감사하다고 응답했다.

― 외국의 대지진으로 사상자와 이재민이 많이 발생하고 있다. 해피빈에 ××원을 기부했다. 올해 목표액의 몇 프로를 달성했다.

당신도 할 수 있다
나눔으로 행복한 시간

"레디~ 큐!"
"안녕하십니까? 나행시의 김동수입니다."
방송을 시작한 지 엊그제 같은데 벌써 7회째 녹화 현장이다. 3회 차부터 정세윤 MC가 합류했다.
갈수록 긴장감은 줄어들고 자연스러워지는 것 같다.
무엇이든 자주 하면 익숙해지나 보다.

나바시

나행시 이전에는 나눔을 바꾸는 시간 15분 '나바시'가 있었다. 그 유명한 세바시(세상을 바꾸는 시간 15분) 방송 프로그램을 본떠서 만들었다. 주로 청소년과 대학생들이 참여하였고 자신이 삶에서 나눔을 어떻게 실천할 것인지를 발표하고 다짐하는 시간이 되었다. 강연 시간을 점심시간에 맞추어 참석자들에게 점심 비용을 기부하도록 유도해서 모금한 성금은 화상을 입은 어린이의 치료비로 사용했다. 또한 시각장애인들의 오카리나 합주, 나눔 실천 메모 작성 등 부대 행사도 진행했다. '나바시'는 광주광역시청, 광산구청, 적십자사 등에서 4회에 걸쳐 진행되다가 코로나 등의 사정으로 중단된 상태다.

나행시

'나바시' 강연에서 모티브를 얻어 나눔 이야기를 전달하는 또 다른 방식을 찾았다. 바로 나눔 토크 방송으로 CMB 광주방송과 함께 기획한 나눔으로 행복한 시간 '나행시'다. 아마도 대한민국 최초의 나눔 토크일 것이다.

유명인이나 고액 기부자가 아닌 평범한 소상공인, 직장인들이 생업을 하면서 본인들이 실천한 소소한 나눔 이야기를 전하면서 시청자들의 참여를 유도하고 있다.

나에게 나눔이란?

출연자에 던지는 공통 질문이다.

제1화 주인공 조범준 대표는 방역 물품을 만드는 회사를 운영하고 있다. 이분은 나눔을 '봄 같은 설렘'으로 표현했다.

봉사를 즐기는 마음이 느껴진다.

제2화 음식점을 운영하는 김영숙 대표는 나눔은 '실천'이라고 한다. 나눔을 마음만 먹는 경우가 많다. 실천하는 나눔을 이야기하고 있다.

제3화 뷰티 유통사업을 하는 젊은 CEO 김영환 대표는 나눔은 '관심'이라고 한다. 김 대표는 비행 청소년에 대한 관심이 많다. 관심은 나눔의 시작이다.

제4화 《나누며 살아도 괜찮아!》의 저자이기도 한 한국도로공사 김용식 박사는 나눔은 '만남'이라고 한다. 나눔을 통해 아내와 스승, 봉사자, 수혜자 등을 만나 좋은 인연이 되었다고 한다.

제5화 대한주택관리사협회 광주시회 회장 서금석 박사는 나눔은 '공유'라고 한다.
자신이 가진 재산, 정보, 지식을 독점하지 않고 나누는 것이라고 한다. 협회 차원에서 '천 원의 기적' 모금과 '1004 헌혈 릴레이'를 진행하고 있다.

제6화 강진군청 김왕석 주무관은 나눔은 '선한 영향력'이라고 한다. 선행을 널리 알려 따뜻한 세상을 만드는 것이라고 한다. 김 주무관은 페이스북을 통해 혈소판 헌혈 이야기를 전하며 소통하고 있다.

제7화 광주환경공단 정선근 팀장은 나눔은 '해피 바이러스'라고 한다. 아들들이 헌혈이나 봉사를 자연스레 따라서 한다며 나눔은 전염되는 것이라고 한다.

제8화 안전강사 박성하 박사님은 나눔은 '뿌듯함'이라고 한다. 응급처치 수강생이나 봉사활동 수혜자가 "감사합니다" 하면 자신도 모르게 뿌듯해진다고 한다.

제9화 영무토건(주) 박헌택 대표는 나눔은 '행복'이라고 한다. 좋은 아파트를 만들면서 생활이 어려운 지역예술가에게 전시 공간과 어려운 청소년에게 쉼터를 제공하는 공간나눔을 실천하며, 기업의 사회공헌 활동을 사회사업가적인 관점에서 활발하게 하고 있다.

제10화 유통업을 하는 최상철 봉사회 광주전남협의회장은 나눔은 '중독'이라고 한다. 낙도봉사와 제빵 등 꾸준한 활동으로 본업보다 봉사를 우선하는 '봉사의 달인'이다.

나행시의 자세한 내용은 유튜브에서 '나행시'를 검색하면 볼 수 있다.

나눔이 행복입니다
이 방송을 기획한 것은 누구나 용기를 내서 작은 나눔이라도 실천하기를 바라는 마음에서다.
일 년이 지나 다시 시즌 2가 시작되었다. 우리 사회 구성원 모두가 '나눔으로 행복한 시간'을 가질 그날까지 '나행시'는 계속될 것이다.

"나눔이 행복입니다. ^^"

에필로그

주는 기쁨, 행복의 길

코로나가 세계를 휩쓸면서 우리에게 많은 메시지를 던져 주며, 지금의 인도적 위기를 직시하면서 지구와 인류의 미래를 생각하게 했다. 그중의 하나가 설득력 있게 다가왔다.

라이피즘

중앙대학교 김누리 교수는 "자본주의 이념인 신자유주의(공공성의 파괴, 경쟁지상주의, 물질만능주의)가 인류의 삶에 풍요를 가져왔지만 동시에 인간을 소외시키고 사회를 분열시키며 자연을 파괴했다"라며, "인간의 삶과 생존, 생태를 중시하는 라이피즘(Lifism)이 포스트 코로나 시대 패러다임이 되어야 한다"라고 주창한다. 이 주장은 인간의 존엄성, 건강과 생명을 중시하는 적십자의 인도주의 이념과 맥을 같이한다고 본다.

라이피즘은 우리에게 닥친 인도적 위기를 이겨 내는 데 필요한 나눔의 목적이 될 수 있다고 생각한다.

이렇게 나눔은 공동체로서 인류 생존의 문제를 해결하는 방안이 되기도 하지만 개개인의 삶 속에서 행복을 만드는 역할도 한다.

주는 것이 받는 것보다 더 복이 있다

세계 최대 갑부 록펠러는 행복하지 않았다고 한다. 55세에 그는 불치병으로 1년 이상 살지 못한다고 사형선고를 받았다. 최후 검진을 위해 휠체어를 타고 갈 때 병원 로비에 실린 액자 글이 눈에 들어왔다고 한다.

"It is more blessed to give than to receive."
"주는 것이 받는 것보다 더 복이 있다."

그는 병원비가 없어 입원하지 못한 어느 소녀의 병원비를 냈다. 얼마 후 은밀히 도운 소녀가 기적적으로 회복하자 그 모습을 지켜보던 록펠러는 얼마나 기뻤는지 자서전에서 이렇게 표현했다.

"저는 살면서 이렇게 행복한 삶이 있는지 몰랐습니다."
그렇다. 록펠러는 늦게나마 삶의 목적이 돈, 명예, 권력이 아니라는 것을 깨닫고 나누는 삶으로 행복할 수 있었다.

가치 있는 삶

철학자 김형석 교수도 100년을 살아 보면서 느낀 삶의 지혜를 이렇게 말씀하셨다.

"돈, 성공, 명예 등 나를 위해서 한 일은 그것이 사라지면 남는 게 없다"라며, "더 많이 나누는 것이 자신의 인생을 완성하는 것이다"라고 한다.

그는 돈 때문에 일하는 인생이 아닌 쓰고 베풀고 봉사하는 삶과 돈,

출세와 성공이 아닌 보람과 가치 있는 삶을 제안한다. "성공한 인생이란 더 많은 사람에게 행복을 나누는 보람과 가치를 아는 삶이다"라고 힘주어 말씀하셨다.

거창한 기부와 봉사가 아니어도 좋다

명절 인사로 "복많이 받으세요"보다는 "복많이 지으세요"라는 말이 있다. 생경하면서도 마음에 와닿는다.

누구나 일 년에 한 번이라도 기부, 봉사, 헌혈과 같은 나눔에 참여해 보자! 나눔은 복 짓는 일이다. 나눔은 주는 기쁨, 행복의 길이다.

또한 이 책을 통해서 단순히 걷는 것, 먹는 것, 소비 등 생활 속 습관을 바꾸기만 해도 나눔이 되고 자신의 인생이 변화하는 기적을 만들 수 있음을 깨달았으면 좋겠다.

그래서 여러분 모두 가치 있는 행복한 삶을 살기를 바란다. 이런 생활 속 나눔에 너도나도 참여한다면 지구 환경은 다시 풍요로워지고 인류에게는 행복이 찾아올 것이다.